朝日新書
Asahi Shinsho 942

老いの失敗学

80歳からの人生をそれなりに楽しむ

畑村洋太郎

朝日新聞出版

はじめに

私は長年、大学の先生をしていました。専門は機械工学ですが、失敗に注目し、様々な角度からいろいろと検討してきたことを体系的にまとめた「失敗学」を広く発信してきたことから、世間では失敗の専門家として認識されているようです。

そんな私も七〇歳を超えたあたりから、年々「老い」を自覚する機会が増えました。歩く速度が遅くなった、もの忘れがひどくなった、難聴が進んでまわりの音がよく聞こえなくなった、などというふうにです。これまでに経験したことのない問題が次から次へと自分の身に起こる状態は、あまり気持ちのいいものではありません。この先自分がどうなってしまうのか、人並みに不安を感じることがあります。

一方で、老いという未知の領域の問題を前に、大いに好奇心が湧いています。昔から疑問に思ったことは徹底的に追究する質《たち》なので、あるときから老いによる自分の状態や変化を当たり前のように観察するようになりました。そんなことを続けているうちに、いろいろな気づきを得ましたが、一番は長年研究してきた「失敗」と「老い」に共通点があることです。

詳しくは後に触れますが、失敗は人が未知の問題に対処するときに起こりやすいものです。すでに経験したものでも不注意などによって起こりますが、ことに未知の問題への対処では防ぐのが格段に難しくなります。未知の問題を前にしたとき、どんな人でも当たり前のように失敗するのです。

そして、老いもまた、それぞれの人にとって初めて経験する未知の問題なので、最初は対処の仕方がわからず、大いに戸惑います。そのドタバタぶりが、失敗したときとよく似ているように思えるのです。そんなことを考えているうちに、ある考えが浮かびました。それは失敗の研究で得られた失敗学の知見を、老いの問題への対処に活かすことができるのではないかということです。

あらためて振り返ってみると、私自身は実際に老いを体験・観察しながら、すでに様々な場面で失敗学の考えを利用していたことに気付きました。そのことは本書を読み進めていくと確認できます。

老いも失敗と同じで、世の中から忌み嫌われる傾向にあります。しかし、誰しも避けては通れないのですから、目を背けるより、上手に付き合う道を選ぶのが得策ではないでしょうか。私の考えはより前向きで、失敗に「人を成長させる」というよい面があるように、老いにも扱い方次第で人々をよい方向に導く面があると考えています。たとえばそれは、多く経験によって「ものの見方や考え方が豊かになる」というものです。

老いてなお成長するというのは、まさしく理想の極みです。現実には失うものばかりが目立っているので、その中で「新たに獲得できるものがある」と言っても、年寄りが負け惜しみで強がっているように聞こえるかもしれません。

しかし、そのように信じて、自分の老いと付き合っていくのがいいというのが、実体験に基づく私の考えです。少なくともそのように生きたほうが、人生は楽しく豊かになるようですから。

二〇二三年一二月

畑村洋太郎

老いの失敗学

80歳からの人生をそれなりに楽しむ

目次

第3章 コミュニケーション力がカギになる 69

第4章　「老い方」は人それぞれ　113

第5章　終わりから考える　169

編集協力　スタジオＴＨＯＴＨ・宙本遼経

第1章　「老い」と「失敗」

老いは失敗と似ている

老いと失敗の共通点に触れる前に、失敗に関する話を簡単にします。失敗学では失敗を、人間が関わって行う一つの行為がはじめに定めた目的を達成できないこと、と定義しています。ある目的を持って行動したものの、なんらかの原因や理由によって当初期待していた目的が達成できなかった状態、それが失敗です。

せっかくやってみたのに期待した結果が得られなかったのですから、この状態はあまりいいものではありません。実害を伴うような大きなダメージを受けることもあるし、気分は最悪です。「失敗をバネに」とか「失敗を糧に」という言葉のように、人によっては失敗を機に「なにくそ!」と奮起したりします。しかしダメージを受けた状態で、前向きな気持ちで前に進むのは簡単ではありません。実際には、「無駄なことをした」「大損をした」「悔しくて仕方ない」「不愉快極まりない」「人に知られたら恥ずかしい」などといった負の感情に苛《さいな》まれて気力が奪われ、再び挑戦することをやめてしまう人が多いようです。

失敗はこのように大きな痛みを伴います。だから多くの人は「こんな嫌な思いをもうしたくない」とか「失敗のない人生を送りたい」とつい考えて、挑戦をなるべくしない、失敗の少ない無難な道を選びたがるのかもしれません。ところが、失敗はどこにでも潜んでいるので、本人は安全な道、無難な道を通っているつもりでも、避けて通ることができません。人が生きて活動しているかぎり、必ずついて回る宿命のようなものが失敗で、完全に遠ざけることはほとんど不可能なのです。

そして、この「避けて通ることができない」という点が、老いと失敗が似ている点です。老いるのは、長く生きている証で、そのこと自体は喜ばしいことです。しかし、いいことばかりでなく、病気であったり、加齢による単純な身体の機能の衰えなどから様々な問題も起こります。これまでできていたことができなくなることがふつうに起こるのですから、あまりいいものとは思えません。それらはそもそも当人が望んでいないことで、その点も失敗とよく似ています。

このように、望んでいないことが起こること、そしてそれらが避けては通ることができない点が、まさしく失敗と老いの共通点です。このように似ている点が多ければ、失敗の研究で得られた失敗学の知見を、老いの問題への対処に活かすことができるかもしれません。そう考えて我が身を振り返ってみると、意識しないうちに失敗学の知見を自分自身の問題への対処に活用していることに気付きました。それらを記述しているのが本書だと思ってください。

失敗学の視点で老いの問題を見て気付いたこと

失敗学では失敗した当事者の視点を大切にしています。失敗の原因を探るときには、失敗した当事者が、どのような環境、精神状態、身体状況にあって、なにを見ながらなにを考え、どう行動したかに注目しています。その際には当然、失敗の当事者から直接話を聞くことを心がけています。大事故の調査などケースによっては、そのときの答え方次第で失敗当事者が厳しく責任を問われるリスクがあります。そういうときにはだまし討ちのようにならないように、そのことをあらかじめ伝えてから話を聞くようにしています。

失敗の原因を知るには、本当は失敗当事者になんでも正直に話してもらうのが一番です。なので「原因の究明と責任の追及は切り離すべき」ということをかねてから主張しています。別の場所で同様の失敗が起こらないようにするには、ある失敗から得られた知見を社会で共有できるようにしたほうが断然いいからです。しかし日本の法律はそうなっておらず、責任の追及がついて回るので、必然的に失敗当事者は発言に慎重になるのが現実です。

それはさておき、失敗の原因を知る上で、当事者の視点というのはたいへん貴重です。そのときその場所で、見たり考えられたことを手っ取り早く知るにはこれしかありません。そして、同様のことは老いの問題にも言えます。老いると様々な問題が生じますが、そのときなにが起こっているかを一番よくわかっているのは老いの当事者です。その人たちの話を聞くことは、老いの問題とその対処法などを考える上で不可欠ではないでしょうか。

実際には、当事者の意見はあまり重視されていないようです。民間レベル、つまり老いに関する各種のビジネスでは、消費者が求める価値を提供するべく当事者の視点がそれなりに大切にされています。しかし、行政サービスや医療、介護など、より切羽詰まった社会的な問題を扱っている多くの場所では、老いの当事者の意見はあまり重視されていないように見えます。

わかりやすいように、ここでは当事者の視点を「主観視」、観察している側の視点を「客観視」と呼ぶことにします。老いの問題について語るときにも、主観視でなく、客観視が重視されているように見えるのです。

これはある意味、当然のことです。社会の動き方などたいていのことは、「学」と名のつくものに従っています。これは第三者の立場で俯瞰《ふかん》して全体を眺めている視点、つまり「客観視」によってつくられます。かくいう私も「客観視」を重視してきました。これは失敗学もしかりで、客観視を使うことで初めて、体系的にまとめることができました。

しかし、それですべて事足りると考えているとすると、それは傲慢《ごうまん》そのものです。「○○学」と名のつくものはほとんど客観視によってまとめられているといっても、それらを構成しているのはいわば主観視の積み重ねです。この中身はより多くの主観視を取り込むことで充実していきます。

こうした主観視の重要性を説明するとき、私はよくチャールズ・ダーウィンの進化理論（ダーウィニズム）を例に出します。もともとは生物の変異に関する研究について述べたものですが、世の中の様々な社会現象や概念に当てはめて使われることも多く、賛否両論のあるものです。

私の視点は一般的なそれとはやや異なるのかもしれませんが、観察方法や姿勢に見習うべき点があると強く感じています。多くの人の関心は、客観的見方である変化の方向性や法則性のほうにあるようですが、それらは数多くの主観的見方である個別の事例をつぶさに観察することで導かれたものです。仮に一つの例外が新たに見つかったとしたら、方向性や法則性を見直し、場合によっては客観的とされていたそれまでの見方を大きく変えなければならないこともあります。主観視の中には、全体を支配している客観視に対してそれくらい大きな衝撃を与えるものもあることをダーウィニズムは教えてくれているように思っているのです。

そして、こういうことを前提にし、学問であれ社会であれ、本当は主観視を上手に取り込んでいく先にしか進歩はないと考えています。ただし、主観視には扱いが面倒という問題があります。さらには「客観視だけが正しく、信頼に足り得る」と強く思い込んでいる人が多いので、世の中における主観視の扱いはどちらかというと後ろ向きになっています。

両方ないとうまくいかない

私のような高齢者に多く見られる病気の一つに「認知症」があります。正常に発達した脳になんらかの原因で記憶や判断力などにおける障害が起きて、日常生活がうまく行えなくなる状態です。「アルツハイマー病」や「脳血管障害」によって起こるということで、単なるもの忘れとは違う、れっきとした脳の病気とされています。

その認知症の研究で有名な長谷川和夫さん（故人）という方がいました。精神科医で、認知症界のレジェンドといわれた方です。認知症はかつて「痴呆症」というひどい呼ばれ方をしていましたが、長谷川さんはこの呼称の変更にも尽力されました。

その長谷川さんは晩年、自らも認知症を発症しました。亡くなる四年前の八八歳のときに、そのことは公表され、世の中に少なからぬ影響を与えました。「認知症の権威でも認知症になるのか」というのが大方の反応のようです。

私もそのことに驚きましたが、興味深かったのはそのときの長谷川さんの感想です。長谷川さんは数多くの認知症患者と接しながらこの病気に関する知見を獲得し、効果的な治療法を確立されてきました。しかし、実際に自分が認知症になってみると、「それらに間違いがあったことに気付くことができた」という趣旨のことを話していました。それを知ったとき、多少の誇張はあるような気がしたものの、外側からはうかがい知れない、当事者になることで知ることができるものに初めて気付かれたのではないかと思ったのです。

私も事故調査などを通じてたくさんの失敗当事者から話を聞いてきたので、この感覚はよくわかります。世の中の人たちにわかりやすい形で広く伝えるためには、第三者の視点で客観視し、知り得たことをきちんと整理する必要があります。これにもなるべく当事者の視点を盛り込みながら行ってきたつもりですが、すべてを取り込むことはできません。そもそも私は失敗当事者ではなく、第三者の立場で話を聞いているので、把握できない点や理解が及ばない点が出てくるのは当然なのです。

たとえば、私が失敗の当事者と同じ経験をしていたら、理解はより深まるでしょう。彼らが主観視に基づいて語ったことのうち、どれが大事で、どれが本質に結びつくかの判断もより正確にできたことでしょう。長谷川さんが感じたのはそういうことではないかと思いました。実際にそんなことはできませんが、例えるなら「此岸《しがん》」という現実世界にいる私たちが死んだ後の世界（彼岸）を正しく理解するのは難しく、正確に知るには実際に「彼岸」に渡った人から話を聞くのが一番ということです。

畑村がなんだかおかしなことを言っていると思われたかもしれません。しかし、死後の世界はともかく、失敗や老いのことなら、じつは当事者の主観視に触れるのはそれほど難しくありません。経験者は世の中にあふれるほどいるので、その気になればいくらでも話を聞くことができます。それなのにあまり行われていないのは、主観視の価値が認められていないからにほかなりません。

もちろんその背景には、そもそも人になにかを伝えたり、相手の言いたいことを正確に受け取るのは難しく、話し手が価値のある話をうまく伝えることができない、聞き手は傾聴すべき話を上手に引き出すことができないという、コミュニケーション力の問題があるように思います。これはどこの世界でも起こることですが、老いに関する問題ではとくに深刻な状況を招きやすいようです。そのことは第3章で私自身の体験を交えながら詳しく触れることにします。

いずれにしても、ある問題の研究なり対策を客観視だけをベースに行うのは適切ではありません。多くの人の主観視を取り込むのは面倒でたいへんなことですが、少しずつでも行ったほうが中身をより充実したものにできます。いまの世の中は「客観的でなければならない」という価値観で動いていますが、本当は「客観的なものに加えて、主観的なものも必要」なのです。どちらか一方だけだと不十分で、両方を取り込むことが大事です。

失敗学では、後者を積極的に取り込むことを心がけてきました。その成果をこの目で見てきたので、老いの問題の研究や対策も後者をもっと取り込んでいけばいいのにと考えています。そうすることでより充実したものにできるのだから、やらないのはじつにもったいないないと思います。

理解できないものは怖い

人には理解できないものを避けたり、恐れたりする傾向があります。そのことはこ数年のコロナ禍でも顕著でした。いまは三密を避けるといった生活スタイルやワクチンによる予防法、それから治療法も確立されているので、コロナはそれほど怖がられていません。しかし、この病気が流行り始めた当初は、未知のウイルスへの恐怖に怯えて、半ば社会全体がパニック状態に陥っていました。

その頃は本当に人々の恐怖がいろいろな形で表れていました。マスクをしていない人がいるとまわりが冷ややかな目で見るのはふつうで、直接注意をしたり、ときには罵声を浴びせたりということもありました。感染拡大を防ぐために都道府県をまたぐ移動が禁止されていたときは、他府県ナンバーの車を見かけるとやはり罵声を浴びせたり、中には駐車中の車が傷つけられるということもありました。いわゆる「自粛警察」と呼ばれたこの種の異常な行動は、やはり理解できないものを恐れる中で生まれたものと考えられます。

そのコロナに比べると、老いのほうが問題としてより深刻です。コロナは予防していればある程度感染を防ぐことができるし、ワクチンが普及し、治療法がほぼ確立したいまはそれほど怖い病気ではなくなりました。私も感染したことがありますが、隔離はされたものの、治療によって症状はすぐに治まりました。その一方で、私の身に起こっている老いによる問題は、改善されるどころか年々深刻さを増しています。

老いは長く生きることができれば誰もが必ず直面する、避けては通ることができないものです。それでも老いについてある程度理解し、問題が生じたときの対策が準備できていたら少しは気が楽になるでしょう。対象を理解した上でそれなりの備えをしておくというのは、安心を得るために大切なことなのです。この点は失敗対策や災害対策などと同じです。

そんなふうに考えると、老いの問題を扱っているいまの「老人学」は、人々の不安を解消できるものになっていないように思います。本当は老人学という言葉はないのかもしれませんが、ここではわかりやすく、老いに関する研究を総称して「老人学」としています。その老人学の一番の問題は、やはり全体像といえるものがないことです。ここでいう全体像は、老いという現象を支配している様々な法則や、それがどこにどのような影響を与えているのかまでを考慮した、俯瞰した見方です。ちょっとわかりにくいかもしれませんが、老いに関する知見を体系的にまとめたものだと思ってください。

老いによって生じる個々の問題への対処法は、各分野の専門家の努力によって考えられているので、かなり進歩しています。お陰で私たちは、老いに関する様々な問題を乗り越えることができています。しかしそれらが老人学全体の中でどういう場所に位置づけられ、よそのどこにどのような影響を与えているかというところまでは構築されていないように見えます。これは非常にもったいないことです。

全体像があると、立体的なものの見方ができるので、他のものとの関連を考えながら、よりよい考えや方法を導くことができます。たとえば、薬の服用は副作用を伴うので、患者へ投与を勧めるときに医師は、他の部分に与える影響を考えながらどの薬を使えばいいかを選択しています。私の印象では、医療の世界でもまだ全体像を確立できていないように見えますが、それでも他の部分との関連性などはある程度わかっています。そこでそれぞれの分野なり現場で問題点を整理しながら判断し、最善の選択を行っているようです。

じつは全体像があると、個々の問題への対処がよりスムーズにできるようになります。逆にこれがないと、よかれと思っている選択で最悪な結果を招くことも起こりかねません。失敗学には「局所最適・全体最悪」という考え方がありますが、まさしくこれがこの問題の本質です。これは簡単にいうと、その場所で最適と思えることが、全体から見ると最悪な選択になってしまう状態です。大事故の調査をしていると、このようなことが原因になっているケースが多々あるので、重要な知見として広く発信してきました。

いまの老人学には全体像がないので、この局所最適・全体最悪のような問題があちこちで起こる危険性があります。実際にはすでにたくさん起こっているのかもしれません。私自身の経験から言っても、局所最適の実現が、豊かで快適な生活の妨げになっていると思われることは結構あるように見えます。

それぞれの分野の方々の努力によって、局所の研究はかなり進んでいます。それを老人学全体の中で、より効果的に活かす術《すべ》を追求しないのは、じつにもったいないことです。それにはまず全体像の確立が必要になります。その価値を社会が認めるようになり、少しずつでも進んでいくことを願っています。

実体験から学んだ老いの問題

本書をつくることになった経緯や目的について、あらためて触れておくことにします。

数年前から始まったコロナの騒動は、人々の生活を大きく変えました。とにかく対面でなにかを行うことがすべてできなくなったので、私も予定していた多くの仕事をキャンセルすることになりました。当時、最も力を入れていたのは「畑村塾」という企業向けの研修です。ゼロの状態から考えをつくる、企画立案から実行までの方法論をカバーするものとしてそれなりに需要がありましたが、対面での指導を基本としていたので、それらが突然できなくなって非常に困りました。

そのとき私が考えたのは、変化を前向きに捉えて、せっかく時間ができたのだからなにか有意義な使い方をしてみようということです。そして、加齢で起こることを外からではなく、当事者の視点でどう見えるか検討して記述することを思いつきました。一冊の本にするくらいの気持ちで真剣に取り組んで、一年以上かけてA4の用紙で一三〇枚くらいの分量のものができました。本書の中身はそれがベースになっています。

そのときに試みたのは、まさしく主観視による自分自身の老いの記述でした。これを脳の働きを意識しながら観察してみたのです。私の専門は機械工学で、脳科学は門外漢です。しかし、東京大学の教授時代の教え子に、私のアドバイスで工学部にいながら医学部の人たちと数々の共同研究を行い、脳科学にも精通していた人がいたので、彼からいろいろと助言を得ながらやってみることにしました。その彼とは現在、東大大学院で情報理工学系研究科（知能機械情報学）の教授をしている高橋宏知《ひろかず》さんです。

ちなみに、高橋さんの医学部との共同研究は、そもそも私の勧めで実現したものです。脳科学の研究も強く行うことを勧めましたが、それは工学であれなんであれ、将来的にすべてのことに脳の働きの研究が役立つと考えていたからです。しかし、その頃はすでに私自身の定年が迫っていたのと、他にやるべきことがたくさんあったので、さすがに自分で始めるのは無理がありました。それで誰かやる人がいないかとまわりに話し、それに応えて名乗りを上げてくれたのが高橋さんでした。

それまでも工学部と医学部の間で共同研究は行われていました。もともとは私の研究パートナーである医学部の加我君孝さん（名誉教授）が、「工学部でそんなことをしてくれる好奇心旺盛な先生は畑村さんしかいないと思った」と白羽の矢を立てて声をかけてくださったのがきっかけです。一九九〇年代の初めのことで、耳鼻咽喉科学が専門だった加我さんと一緒に脳研究のための多点記録表面電極の開発研究などを行いました。

一方で、私もその頃から当時は未知の領域のものだった脳に強く興味を持っていたので、その後に共同研究が脳科学の分野に引き継がれていったのは必然だったようです。そういえば加我さんと出会った頃、東大医学部の資料室に保管されていた、夏目漱石の脳を見せてもらったことがありました。共同研究のテーマが脳に移っていったことには、なにやら因縁めいたものを感じます。

話がだいぶそれたので元に戻します。前出の高橋さんの助言を得ながら行った私の老いに関する観察の目的は、当初は脳科学の発展への寄与を考えていました。そんな折り、朝日新聞出版から私の得意分野である「失敗」と、それから「老い」をテーマにした本の執筆を依頼され、面白そうだったので引き受けることにしました。この章の最初に、老いの状態と失敗はよく似ていると言いましたが、その視点であらためて自分自身の老いを観察してみると、失敗学の様々な知識が老いによって生じている様々な問題への対処に役立てることができそうな気がしたのです。

同時に、自分の老いに対する観察を社会の発展に役立ててもらうという思いも持ち続けています。いまの老人学には全体像がないと言いましたが、これをつくるためには、客観視に加えて主観視が必要になります。客観視というのは、確実に正しいと評価できるものを集めることですから、ベースにこれを置くことで信頼性は高まります。しかし、全体像をつくる場合、要素同士の関係性は複雑で、これらが絡み合った未知のメカニズムがたくさんあるので、学問をつくり上げるときの定石とされるやり方だけではできません。こういうものは具体的な例からしか見つけることができないので、当事者の視点を未知なるメカニズムを探る大きなヒントにしながら進むしかないのです。

もちろんすべての主観視が役立つことはなく、中には逆に混乱を招くようなものもあります。主観視はこのように扱いが難しいので、それも扱いを避けたくなる一因になっています。しかし、新しい知識の発掘を目指すのなら、この宝の山を利用しない手はありません。とくに老人学は、これまで当事者の視点が軽視されていた分、主観視に着目したアプローチによって発掘されたり獲得できる未知の知見は、かなりあるように思います。そして、私の主観視は、そんな未知の知見を発掘するための宝の一つになると考え、本書の中で披露している次第です。

そもそも自分の老いに対する観察は、その人なりの対策を考える上で不可欠なものです。老い方は人それぞれなので、手本とされる一つの対策ですべての人に対応することはできません。他の人の取り組み方は参考になるものの、自分が取り入れるときにはアレンジが必要です。その際には、自分の状態を観察して正確に把握することが必要不可欠なので、私なりの老いとの向き合い方を示すことは、手本にならなくてもみなさんの参考にはなるでしょう。

もともと老いによって生じる問題は、体力や記憶力の衰えなどを原因としているものが多く、対策を考えるといってもできることは限られます。自分の老いの状態を観察するときには自分の身に生じている問題と真剣に向き合わなければならないので、つい目を背けたくなります。そのあたりの付き合い方も失敗学の考え方が参考になるので、失敗の研究を通じて培ってきた「辛いことに向き合うときのコツ」のようなものが大いに役立つでしょう。

世の中の多くの人は、歳を取ってから自分の身に起こるのは悪いことばかりと考えているようです。しかし、私は必ずしもそうではないと考えています。それまでにないものの見方や考え方ができるなど、加齢によって得られるものには人生をより豊かにするものもあると思えるからです。そこも失敗によく似ているので、私自身は失敗の扱い方に学んで、すべてを前向きに受け入れるように心がけています。

どんなにあがいたところで、老いることは避けられない人間の宿命です。その中でどうしても失うものばかりに目が行きがちですが、新たに獲得できるものもあると考え、そちらに期待したほうが老いとの付き合いは楽しくなります。少なくともそのように信じて、自分の老いと前向きに付き合ったほうが、心の健康のためには断然いいのではないでしょうか。

第2章　「悪い老い」に気をつける

老いることで失われるもの、新たに得られるもの

失敗には、「よい失敗」と「悪い失敗」があります。そして、よい失敗はいたずらに忌み嫌わず、うまく付き合っていく一方で、悪い失敗はなるべく起こさないように努めるというのが失敗学の考え方です。

同じように老いにも、「よい老い」と「悪い老い」があるように思います。「よい老い方」「悪い老い方」といったほうがわかりやすいでしょう。それぞれの定義は、やはり失敗学の考え方が参考になりそうです。

失敗学におけるよい失敗は、人が成長する上で必ず経験しなければならない、必要な失敗です。こういうものは価値がありますが、数としてそれほど多くありません。世の中の多くの失敗は、経験する必要のない悪い失敗です。手抜き、インチキ、不注意、誤判断などから生じるものが典型例で、これらに加えて、自分にとって意味があるものでもまわりに与える悪影響が大きかったり、心身が大きく傷つけられたりするような、自分にとって致命傷になるような失敗なども、経験する必要のない、避けるべき悪い失敗としています。

この考え方を参考にすると、「よい老い方」と「悪い老い方」の中身がなんとなく見えてきます。歳を取ってからは人間的な成長より、豊かな人生や充実した毎日を送ることのほうが大事です。なのでよい老いは、それらにつながるものといえます。これは失敗の場合と違って、行為や行動より、心の持ち方、考え方などが重要ではないかと思います。

一方の悪い老いは、それらにつながらないもの、とくに豊かな人生や充実した毎日を送ることにつながらない心の持ち方、考え方です。また、自分にとって意味のあるものでも、まわりに与える悪影響が大きかったり、まわりとの関係を悪化させたりすることで結果的に自分にとって不利益になることも、避けるべき悪い老いといえます。

ちょっと抽象的でわかりにくいと思うので、私自身が最近、自分がよい老い方をしているなと感じた例をいくつか紹介します。

まずいまの状況からお伝えしますが、歳を取ってから歩く速度が非常に遅くなりました。以前はかなり早歩きで、よく人を追い抜いていましたが、最近は逆に人から追い抜かれてばかりです。そんなふうに体の衰えを強く感じている折り、日課にしている朝の散歩で、たまたま目の前にいた、杖をつきながらゆっくり歩いていた男性を追い抜いたことがありました。久しぶりだったのでうれしくなったのと同時に、次の機会が訪れることがあるのか少し心配になりました。

最近はこんなふうに、加齢による肉体の衰えを痛感させられることが多々あります。一方で、そのことで自分のものの見方や視点が大きく変わってきたことに気付きましたが、それがよい老い方をしていると感じることです。たとえば朝の散歩にしても、以前はなにか考え事をしながらひたすら歩いているだけでしたが、いまはゆっくり歩きながらまわりをじっくり観察するようになりました。お陰で些細《ささい》なことに意識が行くようになり、様々な気づきが得られるようになりました。

散歩中にまわりをじっくり観察するようになったのは、必要に迫られてのことでもあります。長く歩いていると疲れるので、つかまったり、腰をかけたりしながら休みたくなります。そういう場所を無意識のうちに探すようになり、まわりに目が行くようになりました。

私はもともと対象を観察するのが好きなので、このようにまわりをよく見るようになるといろいろなことに気付いて、思いを巡らせるようになりました。一番はやはり季節の変化を感じられるようになったことです。私が住んでいる都心の住宅街にも結構自然はあります。木々の変化や咲いている花など、そういうものから季節の移り変わりを感じる機会が増えました。

最近興味深かったのは、早朝から活動している鳥たちの営みです。最初に小さい鳥たちが活発に動き出して、鳩やカラスなどの大きな鳥たちは後から徐々に動き出すことに気付きました。また鳥の種類は詳しく知らないものの、早朝に活動している小鳥たちの鳴き声にはどこか規則性があり、餌場や危険の伝達を行っているように思いました。鳥たちの鳴き声に耳を傾けているうちに、鳥たちにも言葉があり、意思疎通を行っているように感じられたのです。

突拍子もないことを言っているように思われるかもしれませんが、人間以外の動物たちも生きていく上でコミュニケーションは重要です。なんらかの方法で意思の伝達を行っているのではないかというのは、以前から推測としてなんとなく考えていたことです。仕事に追われて毎日忙しく過ごしていた頃はあまり深く検討したことがありませんでしたが、朝ののんびり散歩でまわりをじっくり観察しているうちに、その疑問を思い出していろいろと考え始めていました。

ちなみに、最近読んだある冊子で、同じような疑問を持って一〇年以上も前から鳥の言葉を研究されている人がいることを知りました。東京大学先端科学技術研究センター准教授の鈴木俊貴さんという方で、主にシジュウカラをはじめとする鳥類の言葉の研究を行っています。鈴木さんによると、鳥たちには状況によって使い分けている鳴き方があるほか、文法能力にも長けているようで、他の種類の鳥が発する鳴き声でもある程度理解し、危険を知らせている鳴き声を聞くと、同じように回避行動をするということです。ただし、すべての鳥がそうしているのではなく、たとえばスズメの中にはシジュウカラ語を理解して反応する「インテリ・スズメ」と、そうでないスズメがいるようです。そのことは実験で確認できたそうです。他にもいろいろと興味深いことをその冊子の中で語っていました。

私はそこまで深く研究していませんが、興味を持ったことについて深く考察する姿勢はいつも大事にしています。そして、最近気付いたのは、加齢によって肉体は衰えていく一方で、興味の対象が広がり、洞察力などはむしろ深まっていると感じる瞬間があることです。これまでと見ている風景が違ってきた中で、新たな気づきに出会える機会が増えたからでしょう。そのことを素直に喜び、考察することを楽しんでいるうちに、歳を取って起こるのは悪いことばかりではなく、よいことも案外あるように思うようになりました。

長く生きているということは、いろいろな経験をしているということです。それを考えの深さや厚さにつなげることができたら、まわりで起こっている様々なことをいろんな角度から見て考察する、豊かなものの見方ができるでしょう。それは自分が楽しいことだし、ためになりそうなことはまわりに話してなにかに役立ててもらうというのもいいと思います。そんなふうにできるのが、まさしく「よい老い」ではないかと思います。

失われることで見えてきた世界

ゆっくり歩くようになって気付いたことは結構あります。たとえば近所の電柱の根元にできているアスファルトの歪みです。

いつの頃からか散歩のときは道の端っこを歩くようになりました。他の人の邪魔にならないようにというのと、なにかのときに転倒しないよう電柱や塀などすぐ手をかけられるものがあると安心できるからです。電柱の根元のアスファルトの歪みは、そのように歩く場所が変わって気付くようになったものです。

最初に見たときは、なぜ歪んでいるのか原因がよくわかりませんでした。しかし、同じような歪みが電柱ごとにいくつもあるのを見ているうちに、地震でできたものだと思いました。おそらく二〇一一年の東日本大震災のときのものでしょう。

あの地震では、東北地方だけでなく東京でも大きな揺れがありました。結構長い時間揺れていたので、電柱があちらに傾きこちらに傾きしているうちに、根元のアスファルトに歪みができたのだと思います。揺れの方向は電柱によってまちまちで、歪みの方向や大きさなども場所によって異なりました。これは電柱を設置するときに、支えとなる支持板のようなものを地下に埋めていて、その向きの違いによってできているのではないかと推測しました。そのことを詳しい人に話して確認したら「そのとおりです」ということでした。

東日本大震災の後、被災状況を調べるために何度か東北地方を訪れ、そこで震災の大きな傷跡に触れながらいろいろと考え、様々な提言を行いました。一方で、自分が住んでいる街の被災状況などをじっくり観察したことはほとんどなかったので、一〇年以上経っても痕跡が残っていることに驚きました。大きな被害がなかったのであまり目が行かなかったでしょうが、自分の視野の狭さにあらためて気付かされました。

東日本大震災では、地震によって発生した津波で大きな被害が生じました。津波の大きさは防災計画で想定していたもの以上だったので被害が甚大になった、というのが多くの人の理解です。防災計画の想定は、過去の災害を参考に決められています。過去にあのような津波はなかったのだから被害が大きくなったのは仕方がないと思われるかもしれませんが、実際は人々の記憶から失われているだけで、一二〇〇年ほど前の貞観《じょうがん》地震で同じようなことが起こっていました。

歴史的調査が進んで、そのことは震災の前に指摘されていましたが、防災計画の前提にまではなっていませんでした。貞観地震が起こった八六九年は平安前期で、記録はかろうじて残っていたものの、社会や人々の記憶からは完全に消えていました。そんな中で、貞観地震の研究を行っていた人たちは、いまなお残っている地震や津波の痕跡を見つけながら危険性を取り上げていました。これは本当にすごいことだと思います。

異なる視点はこのように、人の考えを豊かにするのはもちろん、社会にとって大切なものを提供します。先ほどの私の気づきは彼らの研究の価値とは比較になりません。それでも、誰かが発するこうした些細な気づきが、これから豊かな考えをつくる上でのヒントになったり、刺激になったりしたら面白いのではないかと思っています。

「伝える」ことの難しさに気付いた体験

歩く速度が遅くなってから、ものだけでなく人の動きにも目が行くようになりました。私の事務所は東京のオフィス街にありますが、近辺を歩いていると、配送トラックの駐車禁止の取り締まりが厳しくなった頃から、リヤカーを引いている宅配業者の方の姿を目にするようになりました。宅配の仕事では一度に多くのものを運ぶことができるトラックが重宝されていますが、お客さんが集中しているオフィス街では多くの荷物を一度に遠くまで運ぶ必要がありません。そこで起こっているのが一昔前に重宝されていたリヤカーへの先祖返りというのは、なんだか面白い変化です。

そういえば以前、Ｕｂｅｒ Ｅａｔｓというものを利用したときも、配達の人が自転車を使っていました。昔で言うところの「出前」です。流行り物は実際に自分で経験したほうがいいと、事務所にいるときに研究会の仲間が頼んでくれました。そのときに気付いたのですが、より大きな力を求めて機械化を進めてきた社会が、先ほどの宅配業者も含めて一部で人力を重用するようになったのは、変化のあり方として非常に面白いと思いました。

視点を変えることによる発見は、こんなふうに気分がよくなる気づきばかりではありません。先日研究会の仲間たちと旅行に行ったときには、これはちょっと変だと思うようなことがありました。

そのときは時間があったので、観光地を回る合間に、ある企業の展示を見学しました。先方は丁寧に対応し、案内の人がついて一つ一つの展示を解説してくれたものの、あまりにも展示物の数が多く、短時間ですべてを見るのは難しそうでした。しかも私は歩くのが遅く、とてもみんなのペースに合わせるのは無理でした。そこで車椅子を借りて移動することにしましたが、思えばこれが失敗の原因になりました。

車椅子の利用は私にとって初めての体験でした。私は体が大きいほうなので、とにかく「窮屈だった」というのが率直な感想です。移動は楽でしたが、同行者に介助されているようでなんだか気恥ずかしくもありました。それよりも気になったのは展示物の見え方で、違和感だらけでどうにも耐えられませんでした。

おそらくそれは、立っている人が見るときの見やすさを考えて展示されていたからでしょう。車椅子に座っている私の視線は、そこから大きく逸脱していたのです。なので「なんだか見にくい」とか「やけに疲れる」と感じました。この違和感のせいで、展示物の内容や解説がまったく頭の中に入って来なかったので非常に残念でした。

気分はよくなかったものの、これはこれで新たな発見でした。車椅子を用意していたのは企業側の厚意で、その点は大いに感謝しています。しかし、それがどうにもステレオタイプの配慮で、実際に利用する人たちの意見は反映されていないように思いました。これでは「社会向けのPRでこの程度のことをやっておけば大丈夫」という考えでやっているように思われかねないので、改善したほうがいいと思いました。

そんなことを考えているうちに、以前、『みる わかる 伝える』（講談社）という本を出したときのことを思い返していました。昔から興味を持って考え続けていた、対象の観察からの理解と、理解したことの伝え方について述べた本です。理解の方法を示すだけなら「みる」「わかる」の二つで十分ですが、そこにあえて「伝える」というテーマを加えました。世間で多発している争い事、事故、失敗などが、いわゆる「途絶」によって起こっていることに気付いたからです。

世の中のトラブルの多くは、情報や知識、感情などの伝達がうまくいかずに起こっています。この途絶は多くの場合、当人たちが意図していない形で生じています。伝える側も受け取る側も「伝わっているはず」「理解できたはず」と思い込んでいるのです。それでいて実際には、伝わっていなかったり理解できていないので、この乖離《かいり》の部分が原因になって様々なトラブルが起こっています。

『みる　わかる　伝える』が前提としていたのは、世の中で多発している争い事とか、事故や失敗です。しかし、最近になって、老いの問題にもそのまま当てはまることだと考えるようになりました。「みる」「わかる」はもちろん、「伝える」がうまくいかず、問題が大きくなっているケースが多くなっているように思えたのです。そう強く感じたのは、例に漏れず、私の身のまわりでもそのような問題が頻繁に起こっているからです。

車椅子に乗りながら展示を見たときに感じた違和感は、そこまで大仰なものではありません。おそらく、その場で車椅子から降りて立ち上がって見ていたらすぐに解決した些細なものです。それでも、視線が異なるだけでそこまで違和感があるというのは重要な気づきでした。これも広い意味での「伝えることの難しさ」で、重要と思ったので次章で詳しく触れることにします。

悪い老い——老害のあれこれ

一方の「悪い老い」についても触れておきます。これは豊かな人生や充実した毎日を送ることにつながらない心の持ち方、考え方ではないかという話をしました。また、失敗学における悪い失敗の定義に倣って、自分にとって意味のあるものでも、まわりに与える悪影響が大きかったり、まわりとの関係を悪化させたりすることで結果的に自分にとって不利益になることも、避けるべき悪い老いとすることにします。

悪い老い方の象徴としてすぐに思い浮かぶのは、「老害」という言葉です。一般的には、組織の中心人物が高齢化しても実権を握り続ける状態や、自己中心的な行動で周囲に迷惑をかける老人のことを揶揄《やゆ》するときに使われるようです。対象としているのは必ずしも老人というわけではなく、若者が年配者を揶揄するときに広く用いられています。とはいえ、文字から想像するに、「まわりに害を及ぼす老人」「老人によって引き起こされる実害」といったニュアンスが強く込められているのは明らかです。

老害という言葉の歴史は意外に古くて、一九八〇年代にはすでに存在していたそうです。広く使われ始めたのは一九九〇年代からで、インターネットの普及が関係しています。部下に自分の意見を押しつけたり、過去の武勇伝を延々と聞かせたりする上司への不満が爆発する形で、匿名世界のネットで好んで使われるようになったようです。

以下は、世間で言われている老害の人の特徴を簡単にまとめたものです。もともとの定義は曖昧なものの、世間ではこんなイメージで見ていると思ってください。

- 自分の思っていること、考えこそ正しいと信じていて、他人の意見は誤りであると思っている
- 自尊心が高く、我が儘《まま》で、沸点が低くて怒りっぽい
- 自分の価値観をまわりに押しつけたがる
- 人の話を聞かず、自分のことだけ繰り返し話したがる上、話が長くてくどい
- ふだんは尊大に振る舞っているのに、困ったときだけ弱い高齢者のふりをする

これらの行動は、老人以外にも結構見られるのではないかというのが素直な感想です。いずれにしてもまわりにしたら迷惑なだけで、やられた方は「老害」と揶揄した

くなるのはよくわかります。まわりからすれば害悪そのものですから、まさしく悪い老いの典型としていいでしょう。

まわりとの付き合い方に気をつける

幸いにして私の場合は、先に挙げた傾向はそれほどないようです。「まったくない」と強く言いたかったところですが、まわりから見てどうか、本当のところわからないので、少し遠慮がちに「それほどない」とすることにしました。

仕事上の付き合いがある人たちから、老害の兆候のような問題を指摘されたことはありません。むしろそういう兆候がないから「付き合いやすい」と言われることが多いくらいです。しかし、より親しい間柄の事務所のスタッフや、本音をずばずば言ってくれる家族からは、なにかしらのクレームが入ることが多くなりました。なので気をつけなければならない状態にあることには変わりないようです。

といっても、こういう人たちからのクレームでも、先に挙げた類いのものはほとんどありません（やはり「まったくない」と言い切れないのがつらいところです）。その点は安心していますが、一方で別の形の問題を指摘されることは多いので、注意しなければばいけないと思っています。

最近よく指摘されるのは、自分以外の人の予定が頭に入らないことです。これは老人に限らない、誰にでもある問題で、私の場合も以前からそれなりにありました。それでいて歳を取ってからは、すべて老化の弊害としてまわりから扱われるので、正直なところかなり困っています。

たとえばこんな感じです。朝、家族からその日の予定を告げられます。そのときはちゃんと聞こえていますが、頭に入っていないというか、記憶としてしっかり定着しません。なので夕方再び顔を合わせたとき、「今日どこでなにをしていたの?」と尋ねることがありますが、そうすると「朝ちゃんと伝えたのに」と言われることがしばしばあります。私のほうはよく覚えていないので、「そうかなあ」と返すと、家族は必要以上に心配して「耳が悪くなって聞こえなくなったのかもしれない」というふうに考えます。要するに、老化が原因とされてしまうのです。

後日、聴力検査を受けてみると、聴力は年相応に低下しているものの、極端な衰えは見られないことが確認できました。そういうときは「なるほどこうして新たな難聴者が増えるのだなあ」と妙に納得しています。難聴者扱いは、朝伝えたことを私が覚えていない原因を一生懸命考えた結果導かれたものなので、別に家族の見方が特別におかしいとは思いません。足りないのは当事者である私の視点で、それがないとまわりの判断で老人の病人がどんどんつくられかねない、ということの典型例ではないかと思いました。

もちろんこの場合は、家族の行動に無関心な私にそもそもの原因があります。わかってはいるのですが、親しい間柄の家族だとつい甘えが出てしまいます。相手が一生懸命話しているのに、興味のないことはまったく頭に入らないし、そのうち疲れて眠くなってきます。それでいて年の功なのか、上辺だけで取り繕うのはうまくなっているので、その場を適当に合わせて乗り切って、後で「この前話したのに」とか「全然覚えてない」などとクレームが入るわけです。

本音を言うと、相手にちゃんと聞かせたければ、興味の持てるような伝え方をしてほしいと思います。じつは失敗学の原点もそこにありました。大学で機械工学を教えていた頃によく見ていたのは、このときはこうすべきだという「うまくいく方法」を教えるときに、眠そうな顔でつまらなそうにそれを聞いている学生がたいがい何人かいるという光景でした。それが失敗事例の話を始めると、途端に学生たちの反応が変わって、居眠りをしていた人たちまで目をいきいきとさせて熱心に話に聞き入るということがよくありました。そこで、人を引きつける魅力がある失敗について注意深く観察するようになり、それを体系的にまとめたのが失敗学だったのです。

そこからさらに発展させて、マニュアルを徹底させるのに必要なことや、覚えているけれど実際に使うことができない形骸化の問題を解決する方法などを提言してきました。その場合もやはり、相手が興味を持って受け取りたくなる伝え方をしたり、自らむしり取りたくなるような状況をつくったりすることが大きなポイントになると考え、まわりに勧めると同時に自分でも心がけてきました。

しかし、これを仕事としてではなく、もっと身近なプライベートな部分で行ったり、それこそ家族に求めるのはさすがに難しいようです。トラブルを避けるには、自分の振る舞いなり態度を変えるしかありませんが、長年培ってきたものをいきなり変えるのは難しく、そもそも変える必要性を心底感じることもできないから困っています。もともと家族との関係は、多少の我が儘は許してもらえるものと思っているからでしょう（いつも一緒にいるので、本当は一番気を遣わなければならないのですが）。それだけになかなか厄介な問題だと感じています。

致命的な失敗を避けるための決断

老害話のついでに、私が運転免許証を返納したときのことについて触れておきます。老害の典型とされる、自己中心的な行動で周囲に迷惑をかける老人にならないための決断でした。正直なところ最初はかなり抵抗がありましたが、致命的な失敗を避けるために大事なことだと思い、決断することにしました。

といっても、自主的に考えたのではなく、家族からの提案に乗った形でした。きっかけは、二〇一九年四月一九日に起こった、東京・池袋で八七歳の男性が運転する自動車が、横断歩道を自転車で渡っていた母と娘を撥《は》ねて死なせてしまった事故でした。家族から説得されたのは、まさしくその日の夜のことです。じつに見事な説得で、従わざるを得なかったというのが本当のところです。

じつのところそれまでは、運転免許証の返納を考えたことはありませんでした。長年運転してきたので運転技術にはそれなりに自信があり、実際、当時の免許証の色は五年間無事故・無違反のゴールドでした。一方で、世の多くの老人が人を死なせてしまう致命的な事故を起こしているのを知っていたので、自分が加害者にならないかという不安はありました。そのため以前は池袋の事故を起こした男性と同じ車種に乗っていたものの、それでは自分には不十分と思い、より安全機能の充実した車種に乗り換えていました。

そんなこともあって、最初は家族の説得にも渋っていましたが、次第に心が動かされました。敵も然《さ》る者で、話の一つ一つに説得力があったのです。とくに見事だったのは失敗学の知見を使ってきたことで、以下のように論理的に攻めて来られると白旗を揚げざるを得ませんでした。

「失敗学は現状認識が一番大事ですよね」

「的確な現状認識に基づき、失敗を未然に防止するのが失敗学の基本ですよね」

「再発防止の仕事に関わってきた日本航空123便の事故も福島第一原発事故も、いくつも未然に防ぐチャンスがあったのに、それが見逃されたんですよね」

「もし事故を起こしたら新聞の見出しは決まっています。『失敗学の大親分、自動車事故で大失敗』。それで失敗学の実績はすべて終わってしまいます」

歳を取ってから瞬時の判断力や動作が鈍ってきたので、運転技術がどんどん衰えていたのは確かです。一方で、自動車の安全機能は充実しているので、ある程度は衰えをカバーできると思っていました。

　しかし、どんなに手厚く備えをしていようと必ず失敗は起こります。それは必ず「考え残し」があるからです。しかも、そういうものを原因とする失敗は、予期せぬ形で起こるので、備えがない分だけ被害が大きくなりがちです。これは失敗学の重要な知見の一つです。いくら失敗について研究してきた私でも、この理《ことわり》から逃れることはできません。

　運転技術が低下している中で事が起こると、自分だけでなく、相手や相手の家族、そして自分の家族も不幸の連鎖の中に巻き込むことになります。自分が世の中に広く発信してきた失敗学の考え方であらためて現状を認識させられると、さすがに抗《あらが》うことはできません。最後はちょうどいい機会と考えて、運転免許証の返納を決断しました。七八歳のときのことです。

　それまでは自分で運転してどこにでも行くことができたので、運転免許証がなくなってからは「不便になった」と感じることが増えました。実際に運転をする機会は減っていたものの、やはり「やろうと思えばできる」と「やろうと思ってもできない」の差は大きいようです。どんなことであれ、これまでできていたことができなくなるのは寂しく、それが「不便になった」という思いにつながっているのでしょう。

一方で、新たな環境にはすぐに慣れるもので、不便さを感じつつも、いままでは車や運転のことにはすっかり関心がなくなっています。最近は、それはそれで問題ではないかと考えるようになりました。関心がないことについては、どうも概念的なものが記憶から消えていくようだからです。

自分で車の運転をしていたときは、車種が違っても操作の方法がある程度わかりました。しかし、いまはかなりあやふやになっています。とくにまったく知らない車種では、自分では内側からドアを開けられなくなっているのに気付きました。これは非常に重要な問題なので、あらためて第5章で取り上げることにします。

自分の状態を正しく把握するのは難しい

運転免許証の返納の一件で感じたのは、自分の状態を正しく把握することの難しさです。当時の状況を考えると、家族の心配はちょっとオーバーに感じましたが、一方で私の見方もかなり甘かったと思います。「まだ大丈夫」というのは根拠がない自信ではなく、それなりの経験に基づくものです。しかし、その経験は所詮、過去のものですから、状況がどんどん変化する中で未来を測るときのモノサシにすべきではありません。

とはいえ、わかっていてもなかなかできないのが人間です。こういう場合の解決方法としてよく言われるのは、「冷静になって考える」とか「俯瞰《ふかん》して見る」というものです。しかし、それがうまくできるのは、利害が絡まないことに限定されます。自分に関することはどうしても見方が甘くなるので、「他人の視点」を素直に受け入れて、上手に活用するのも一つの手だと思いました。

それでなくても世の中の多くのことは、一つの視点ですべてを把握できるほど単純ではありません。対象を正確に把握するには、大まかでもいいから全体像をつかんだり、いろいろな角度から多角的に見たりすることが必要です。

この場合にとくに重要になるのは視点です。同じものを観察していても、人によって見えるものが異なることはよくあります。それはものの見方には個人差があるからです。それから人間には「見たいものが見える」「見たくないものは見えない」という性質があるので、一つの視点にこだわりすぎるのは失敗の原因にもなります。

これまで数多くの失敗事例に触れてわかったのは、大きな失敗には必ず予兆、すなわち危険を知らせるサインがあることです。ところが、見たくないものが見えない人は、このサインを受け取ることができません。そして、潜んでいる危険に気付くことができずに、あるとき落とし穴に落ちます。これがよくある大失敗のパターンです。

この落とし穴は、一つの方向からしかものを見ていない人ほどはまりやすいものです。まさしく家族からの運転免許証の返納の提案を渋ったときの私がそうです。その方向から見ることが自分にとって利益になるとか心地よい場合は、決して固定的な見方を崩そうとしないのが人間です。自分ではさも正当なことをやっているかのように錯覚していますが、実際には危険極まりないことをしているのです。

自分が損をするようなことは受け入れがたいので、つい自分に甘い見方をしてしまうのは、いわゆる老害につながる思考です。これを避けるためには、「他人の視点」を使うのも有効な手段になります。しかし、他人の視点がいつも正しく効果的とは思えないので、無条件にすべてを受け入れるのではなく、内容を精査して取捨選択することが必要です。世の中では「客観的視点」がいいものとされていますが、すべてのケースで自分の利益に反する他人の視点を選ぶことが正しいとは限らないからです。

極端なことを言うと、人に大きな迷惑がかからないものなら、自分の利益を優先して判断してもいいと思います。老害行為を積極的に肯定するつもりはありませんが、場合によってはそういうことがあってもいいし、まわりもある程度は容認したほうがいいでしょう。歳を取ると様々な機能が衰えて、ただでさえストレスを感じる機会が増えます。そんな中でまわりから「あれもだめ」「これもだめ」と言われ続けると、さらにストレスが募るばかりです。

自分ができない見方をする「他人の視点」は確かに貴重で、致命的な失敗やまわりに多大な迷惑をかける失敗を避けるためにどんどん利用するといいでしょう。ただ、すべてを受け入れる必要はないので、耳を傾けつつも、まわりに与える不利益が少なく、自分でも好ましいと思えないものは、老獪《ろうかい》さを発揮してうまくあしらってもいいのではないでしょうか。さすがに私は意識してやったことがありませんが、ふつうはまわりから文句を言われそうなことを、いわゆる年寄りのずるさで「あの人が言うんだから仕方がない」と思わせる強者もいるようです。ケース・バイ・ケースで考えて、心の健康を優先したいときには、そういうテクニックを駆使することがあってもいいと思うのです。

ストレスと上手に付き合う

失敗学を提唱して以来、私のところに様々な人たちが失敗に関する相談に来るようになりました。時間に限りがあるのですべてに対応することはできませんが、社会的に影響が大きい失敗や、当事者が深刻なダメージを被っている場合はなるべく受けるようにしてきました。そんな中であらためて感じたのは、「人は弱い」ということです。

誰でも経験したことがあると思いますが、明らかな失敗をしているのに、それが失敗であるとすぐに認めることができないものです。これはまさしく人の弱さが原因です。そして、現実を見ないで、失敗の上にさらに失敗を重ねるように動いたりします。こういうのは最悪で、ようやく失敗を認めることができたときには手遅れになり、傷口が大きく広がって多大なダメージを受けるというのがよくあるパターンです。

中には最初から潔く失敗を認めることができる人もいますが、そういう場合でも失敗の直後に正しい対策をすぐに行うのは難しいようです。これもまた人の弱さが原因です。失敗によるショックやダメージは、心に穴を開けてエネルギーを消耗させます。このエネルギー・ロスはかなりの痛手で、エネルギーが回復しないことには正しい判断や行動ができないので、失敗の直後にすぐその後始末をうまく行うことはなかなか難しいようです。

この状態は、老いの問題に直面しているときとなんとなく似ているように思います。老いるのは長く生きていれば誰もが経験することですが、衰えの兆候があってもなかなか認めたくないものです。謙虚に認めることができたところで、立ち向かうための気力はなかなか出てきません。そもそも老いは避けることができないものです。どんなにあがこうが、最後は受け入れるしかないとわかっているので、真正面から戦う気力は失敗以上に出にくいようです。

それでも必要なときはあがいたほうがいいと思います。といっても老いそのものを否定するのではなく、老いによって生じている問題への抵抗です。現状を受け入れずに戦うことで老害と言われることもあるでしょうが、人に迷惑や実害を与えず、自分自身も致命的な状況に追い込まれないことなら、遠慮せずにやっていいのではないでしょうか。そのほうが心の健康のためにはよいこともあるからです。

以前、ある本で大きな失敗をしたときの処し方を紹介したことがあります。中身は「逃げる」「『しょうがない』『自分のせいではない』と考える」「美味しいものを食べる」「寝る」「誰かに愚痴を言う」といった、生真面目な人たちが見たら怒られそうなものでした。これらはいわば、その場しのぎの一時的な対処法です。失われたエネルギーを回復しないことには、本当の意味での解決のために動くことができないので、それを優先するためなら、これらの方法を使っていいのではないかと提案しました。適当なことを言っているのではなく、いずれの方法も実際に効果が認められています。

逃げるのは「卑怯なこと」か「見苦しいこと」というのが世の中の多くの人の見方です。しかし、よい対処が見つからない場合、その場に居続けても仕方ないので、そういうときは一時避難のつもりでその場から逃げ出すのもありなのです。逃げることで、まわりから批判されることもあるでしょうが、真面目に頑張って潰れるよりはマシです。もちろん、逃げるのはあくまで一時的で、責任を放棄するのとはまったく違うことを付け加えておきます。

次の「しょうがないことだった」「自分のせいではない」と考えるのも、趣旨は同じです。口に出すと問題が大きくなりますが、頭の中でそう考えるだけなら、まわりからとやかく言われることではありません。失敗の直後は、生真面目な人ほど自責の念に苛《さいな》まれて、否定的なことやよからぬことを考えがちです。その状態では前向きに動くことはできないので、心を一時避難させて、エネルギーの回復を待てばいいのです。

心身に活力を与えるということでは、「美味しいものを食べる」と「寝る」も有効です。いずれもリフレッシュできるので、頭が柔軟に働くようになります。落ち込んでいるときは食欲がなくなったり、頭の中で否定的な思考がぐるぐる回ってふつうに寝ることができなかったりするものです。そういうときは好きなものを食べたり、薬(睡眠薬)の力を借りてぐっすり寝るのもありだと思います。

最後の「誰かに愚痴を言う」は、人の力を借りて元気になる方法です。悶々《もんもん》としている思いを表に出すことで楽になるのです。愚痴を言う相手は、特別な興味を示さないものの、かといって恩着せがましく聞いているような態度を一切見せず、こちらの話を否定することなくただ淡々と聞いてくれるような人が理想です。失敗の話を聞くときの私の態度がまさにそうです。一切反論をしない、話に矛盾があってもそれを突くこともしない、言っていることの善悪を指摘することもしないというのを心がけています。

これら大きな失敗をした後の処し方は、老いの問題と向き合うときにもそのまま使えそうです。一番の敵であるストレスへの対策として上手に使うのがお勧めです。ストレスをため込んでしまうと、はけ口を求めてまわりに嫌われたり迷惑が及ぶ、老害といわれる行動が出やすくなります。そういうものを完全になくすことを目指す必要はありませんが、心が健康でいられるようにストレスと上手に付き合うための術《すべ》を持つことは大事です。

もちろん、これ以外にもストレスと上手に付き合う方法はたくさんあります。趣味など好きなことに没頭するのもいいでしょう。私の場合は、昔からどんなに仕事が忙しくても、趣味でやっている週一回の合唱にほぼ欠かさず参加していました。この合唱はすっかり生活の一部になっているので、いまでも通っています。

合唱を始めたのは、六〇歳の定年を迎えるちょっと前のことです。歌が特別に好きだとか上手だとかではありませんが、やりたくなって始めました。義務づけられているわけではないのに欠かさず練習に通っていたのは、なんのことはない、自分が行きたいからというだけのことです。

不思議なもので、合唱の練習に行った日の夜は熟睡できる上、翌朝の目覚めも爽やかです。わからない外国語を発音し、譜面の音を出そうと必死に努力するので、頭が疲れたり、発声で慣れない喉の筋肉を使って疲れるからだと以前は思っていました。しかし最近では、やりたいことをやっているから、ストレスの発散ができているのだと思うようになりました。

ちょっとだけ困っているのは、散歩の最中にメロディーが滲《にじ》み出てくると、つい口ずさんでいることです。声が大きくなるときもあるようで、家内が言うには「近所の人から、ご主人が歩きながら歌を歌っていたと言われた」ということです。自分では気付いていなかったので、気をつけなければいけないと思いました。

失われた機能を外から補うという対処法

歳を取ってから熟睡することが少なくなりました。たまにゆっくり休めていると思える日もありますが、それは先ほどの合唱の練習の日や、研究会の仲間たちとお酒を飲んだ日など、楽しく過ごせたと思えたときが多いようです。

研究会は昔から私の活動の中で大きなウエートを占めています。様々な研究会を主宰してきましたが、続けることが大事と考えているので、ほとんどのものが長く続いています。メンバーはある程度固定化されているものの、途中から入ってくる若い人たちもいるので、世代の異なる幅広い人たちとの交流の場にもなっています。これは楽しく、刺激的で、可能であればそういう場を意図してつくることもストレス対策になると思います。

それはさておき、夜熟睡できなくなったのは、トイレの問題と関係があります。実際に膀胱が縮小したり、活動が活発になっていたりするのかよくわかりませんが、精神的な問題もかなり大きいようです。動作が遅くなっているのでぎりぎりまで我慢したくなく、脳が早めに指令を出すことで夜中に目が覚めやすくなっていると専門家から教わりました。

以前、夜中にトイレに起きた時間をメモしていたことがあります。通常はだいたい三時間から四時間くらいで目を覚ましていたことが確認できました。仲間とお酒を飲むなどし楽しい時間を過ごしたときは、だいたい五時間から六時間後くらいになっていました。このことからも楽しく過ごすことがストレス対策によいことがわかります。

私はあれこれ考えるのが好きで、一度目が覚めると、そのとき関心のあることを思い、頭が働き出すことがあります。そういうときはそのまま眠れず、気付いたら朝を迎えていることもあります。考えること自体はもともと好きなので苦になりませんが、しっかり寝ないと体の疲れが取れないので、その点は大きな悩みになっていました。

じつはこの状況は、医師の勧めでCPAP《シーパップ》療法（持続陽圧呼吸療法）を行うようになってから劇的に改善されました。機械で圧力をかけた空気を鼻から送り込むことで気道を広げて、睡眠中の無呼吸を防止するというもので、私のような睡眠時無呼吸症候群の人に対して標準的な治療法として行われています。機械といっても本体の大きさは二〇センチ程度とかなり小さく、そこからチューブを伝ってマスクに空気が送られてきます。このマスクを鼻に当てて眠ることが治療になるのです。

CPAP療法を行うようになってからは、途中で目が覚めずに朝まで熟睡することが増えました。もともとの目的は睡眠時無呼吸症候群への対処でしたが、熟睡できると心身がリフレッシュできるので心の健康にも大いにプラスになっています。これは驚きであったと同時に、老いによって生じている問題と向き合うときには、便利なツールを使うことも有効な手段になるのだとあらためて思いました。

考えてみれば、私たちは当たり前のように多くのツールを使っています。老眼が進んだ人は老眼鏡に、耳が悪くなったら補聴器に、足が悪くなったら杖に頼るというふうにです。気付いたら私も、加齢による衰えに対処するために様々なツールを使うようになっていました。

その中で一番上手に使いこなしているのは手帳です。昔からスケジュール管理、データやアイデアの記録、日記など様々なことに活用しています。なので最近になって上達したのではなく、従来の使い方が加齢によって生じている、もの忘れや記憶違いなどの様々な記憶の問題への対処に役立っているというのが正確なところです。

ところが、最近になってその便利な手帳にも、大きな問題があることに気付きました。それは手帳を使うときに必須になる「めくる」という動作に関することです。加齢で指先の脂分が失われたせいか、うまくめくれないことが起こるようになりました。またなにかしらの対策を新たに考えなければならないようです。

こういうツールは好き嫌いや相性もあるので、誰にとっても必ず便利ということはありません。無理に使ったところで、うまく使いこなせなければ意味がないし、かえって害になることもあります。私はずっと紙の手帳に手書きで文字を書いていますが、同じ機能を備えているとか、より便利な機能を備えているからといって、電子手帳に替えることはできません。なんといっても安心して使えるのが一番で、慣れないことをしたら、まずもって心穏やかな状態ではいられません。「アナログ人間」とまわりから揶揄されようと、いまのままでいいと思っています。

加齢によって生じる問題の対処としては、便利なツール以外に、他の人の力を借りる方法もあります。この力は非常に大きいので、自分にもともとない知識や力を補ってくれたり、衰えからできなくなったことを代わりにしてくれたりサポートしてくれる人がいたら、直面している多くの問題を解決することができます。

ただし、機械や道具と違って、ふつう人は他人の望んだとおりに動いてくれません。あるとすれば愛情を持って接してくれる家族や恋人などの親しい間柄だとか、利害が一致しているギブ・アンド・テイクの関係、あるいは持ちつ持たれつで互いに支え合っている親しい友人のような関係ではないでしょうか。

もちろんそういう関係でも、上手にコミュニケーションを取らないと、よい関係を長く維持することはできないでしょう。先ほども触れましたが、加齢によって生じている大きな問題の一つに、このコミュニケーション力の低下があります。次章ではこのことについて触れることにします。

第3章　コミュニケーション力がカギになる

自動翻訳機から学んだこと

コミュニケーション力の低下は、老いによって生じる様々な問題の大きな原因になっています。この力について知ることは、解決策を考える上で重要なヒントになるでしょう。

コミュニケーションの第一歩は共通理解です。これがないと相手と上手にやり取りすることができません。私は研究活動の一環で、海外の企業活動などの視察を時折行っています。その際には、コミュニケーション力に優れた同行者や事情をよく知っている現地の案内役の人が事前の手配と通訳を担当しているので、先方との意思疎通をスムーズに行うことができています。

とはいえ、それは下準備のために事前にやり取りをしている視察先に限ってのことで、見学先から一歩外に出ると困ってしまうことがよくあります。たとえば中国に行ったときには、視察を終えてから入ったレストランでメニューがまったく読めず、大いに戸惑いました。同じような漢字文化圏でも、中国で使われているのは日本と異なる文字が多く、たまたま知っている漢字を見つけてもそれがどのような料理なのかわかりません。店員さんに聞こうにも、言葉の違いでほとんど話が通じないので、コミュニケーションの取りようがなかったのです。

共通理解がない状態とはこういうものです。コミュニケーションをしようにも、とっかかりさえ見つけられないので、そのままの状態が続いたら不安とイライラが募っていくばかりだったでしょう。伝えたいことや聞きたいことがあるのに、それがうまくできない状態は、こんなにもつらいものなのです。

ちなみに、このときはお店に自動翻訳機があったので事無きを得ました。メニューに書かれていたのはちんぷんかんぷんの中国語ですが、その日本語訳を見ることができれば、たちまち理解の扉が開きます。どんな材料を使っていて、どんな方法で調理しているものかがわかると、こちらの拙い知識からどんなものが出てくるかある程度想像することができます。そんなふうに共通理解に基づくコミュニケーションが可能になったことで、安心して異国の地のレストランでの食事を楽しむことができました。

中国は自動翻訳の技術に力を注いでいる国で、視察の合間に寄った博物館でもこの技術に助けられました。私は海外視察の際、その国の文化に触れるべく博物館や美術館に寄るのが定番になっています。しかし、たいていは展示物の説明が現地の言葉で書かれているので、内容を理解するのにいつも苦労していました。外国人向けに説明文が英語で書かれている場合でも、辞書に頼らないと正確に理解するのが難しく、それ以前に読むのが億劫《おっくう》になることもしばしばでした。そういうときはいつも「日本語で書かれている説明文があればいいのに」と思っていたので、このとき体験した自動翻訳機による説明文の現地語からの日本語への翻訳は、本当に願ったり叶ったりのものでした。

自動翻訳の機能は専用機だけでなくスマホでも使うことができるようですが、これらが便利なのはやはり状況把握が楽にできる点です。そもそも自分が置かれている状況がわからないことには、なにをすべきか、どうすべきか、そしてそのためにどのようなことを意思表示すべきかを考えることができません。ちんぷんかんぷんの外国語が日本語になるだけで、私たちはそこになにが書かれているかをある程度理解することができます。これはコミュニケーションにおいて非常に大事なことです。

コミュニケーション力の低下が招く問題

コミュニケーションは自分一人の問題ではなく必ず対象がいます。その人とうまくやり取りをするには、お互いが共通理解に基づく状況の把握ができていることが前提になります。それがないとすれ違いが起こって、不安や苛立《いらだ》ちが募っていくことになるでしょう。とくに親しい間柄の相手には、期待と依存心が大きい分、コミュニケーションがうまくできなかったときの不満や怒りは大きくなる傾向があるようです。

老害の一つに、すぐに怒るというのがありますが、おそらくいまのことが関係していると思います。自分が考えていること、言いたいことが相手に正しく伝わらないことへのもどかしさを怒りで表現しているのではないでしょうか。あるいは、相手の考えていること、言っていることを正しく受け取ることができない自分への苛立ちが含まれていることもあるように思います。

いずれの場合であれ、怒りで表現するのは意味がありません。気持ちはよくわかりますが、それで解決することはないからです。正しく伝えたい、あるいは正しく受け取りたければ、そのための努力をするしかありません。とはいえ、老化というのは、この努力にためのエネルギーまで低下させるもののようで非常に困ります。

イライラをストレートにぶつけると、家族など親しい間柄でさえ関係性が大きくこじれることもあるくらいです。それを友人や知人はもちろん、アカの他人にやったらどうなるかは火を見るより明らかです。相手が誰であれ、イライラをぶつけることは大きなトラブルの原因になります。ふつうはなるべく避けようとしますが、その際には「関わらない」「接しない」という安易な解決方法を選択しがちで、結果として人間関係が限定的かつ狭くなるということが起こります。

実際、歳を取ってから人間関係が狭くなったという人は、私のまわりにもたくさんいます。好んで交流するのは、多くの言葉を語らなくても考えや思いが通じる、親しい友人や家族などです。旧知の友人や知人でさえ相手を選んでいるようですから、アカの他人と新たに交流を始めるなど真っ平御免でしょう。

それで心穏やかに過ごすことができればいいのですが、正しく伝えたり、正しく受け取るための努力の機会もなくなっていく一方なので、コミュニケーションの力はさらに低下していきます。そうなると身近な人とのコミュニケーションもさらにうまくいかないことが増えるでしょう。そのイライラを大切な友人や家族にぶつける機会まで増えるとしたら、お互いが不幸になるだけです。この負のスパイラルにはまるのはなんとか避けたいところです。

それには正しく伝えたり、正しく受け取る、コミュニケーションの力を維持するのが一番です。加齢による低下は避けられないもののようなので、あえて「維持」という言葉を使いました。人によってはやり方や心がけ次第で向上させることも可能でしょう。その前提である互いの共通理解を、先ほどの自動翻訳機のような便利なもので簡単に得ることができれば本当に楽です。現実はそんなに甘いものでなく、相手とのやり取りの中でつくっていくしかないようです。

これはたいへんなことですが、労を惜しまずに行うことがよい老い方につながる、と信じてやるのがよさそうです。自分ではうまくできていないことを人に勧めるのも変な話ですが、我が身を振り返って自省をしながらそのように感じています。

「伝えたつもり」「わかるだろう」では伝わらない

老いてから生じる日常的なコミュニケーションの問題に、「伝えたはずのことが伝わっていない」というのがあります。第2章で述べた私の経験がそうです。家族から今日の予定を伝えられても、関心がないものは耳を素通りするか、覚えてもすぐに忘れてしまうというものです。

こういう場合、聞いているほうはおそらく、「忘れてもとくに問題がない」「たいしたことではない」と考えています。しかし、伝えたほうは「必要だから伝えた」「覚えていて当たり前」と思っているので、この齟齬《そご》からもめ事になることがあります。

このような日常的な伝達事項や約束を違えないようにするための対策は簡単です。ツールを上手に使えば避けることができます。会社など組織の中でよくやられているのは、その日の予定など伝達事項を記述して、誰もがいつでも見られるようにするというものです。最近はデジタル機器を活用するケースが増えているようですが、昔ながらの方法で、ホワイトボードなどを使って、相手に伝えたいことを書いておくのが私のようなアナログ人間には向いています。

ただし、この対策には落とし穴があります。伝える側が書き忘れたり、受け取る側が見て確認することを忘れたりすると、当然齟齬が起こります。それが嫌なら、もめないように必ず書いたり見たりする習慣をつけるしかありませんが、わかっていてもできないことがあるので困ります。私の場合は日頃から手帳を使っているので、書くのも見るのも習慣化しています。大事なことや約束事などは手帳で確認できますが、大事でないと思えることまでは書いていないし、稀《まれ》に書き間違いのようなこともあるので、完璧な対策にはなっていないようです。

単純な伝達ミスのようなものであれば、時間が経てば笑い話に変わったりもしますが、よその人とのコミュニケーションで問題がより深刻になりやすいのは、相手に「真意」――すなわち、自分が相手に対して本当に伝えたいこと――が伝わりにくい場合です。よく日本人は自分が考えていることをストレートに伝えることが苦手といわれますが、これは真正面からのぶつかり合いを好まず、あえて言葉に出さずにあうんの呼吸で伝える文化が根付いているからでしょう。

しかし、頻繁にやり取りをしている親しい間柄なら、言葉足らずでもそれなりに伝わるものの、たいていの場合は気遣いや努力をしないとなかなか伝わらないのが現実ですから、これは一筋縄ではいかない、なかなかの大問題です。

とはいえ、そのような問題に対しても、失敗学で得られた知見をそのまま応用して使うことができるのではないかと思います。伝えるべき大事な知識がきちんと伝わらずに、失敗が誘発されて大惨事につながることがあり、失敗学では「どうすれば伝わるか」を検討してきたからです。

ありがちなのは、伝え手が「伝えたつもり」、受け取り手が「受け取ったつもり」になっているものが一致していないことです。伝えたほうは「ちゃんと伝えた」と思っているので、問題が発生したときには「相手のせいだ」と考えます。一方、伝えられたほうは「そんなことは教わっていない」と思っているので、責任は伝えた側にあると考えます。人間関係に大きなヒビが入るときの典型的なパターンの一つですが、事故や失敗の多くも、このようなことが原因で起こっています。

そこで、こういう失敗を防ぐにはなにが必要か考えました。重要なポイントは、「どう伝えるか」でなく、「相手にどう伝わったか」を考えることです。伝える手段や形ではなく、結果を重視すべきという意味です。多くの人は、伝える手段や形を間違わなければ「相手に必ずうまく伝わる」と信じていますが、実際にはそんなことはありません。もともと双方の間には大きな理解の壁があるので、ふつうはむしろ正しく伝わらないのが当たり前なのです。この壁を崩すには、まずお互いのイメージを一致させる必要があります。この章で述べてきた共通理解のようなものですが、厳密に言うとそれよりもっと緻密なものが求められます。

私流の言葉で言うと、相手に理解のためのテンプレート（ひな形）のようなものがないとうまく伝わることはありません。このテンプレートは、伝える人が持っているのと同じかよく似ているものでないとだめなのです。仮に相手にそのテンプレートが

**図1 “伝える”とはどういうことか？
“伝わる”とはどういうことか？**

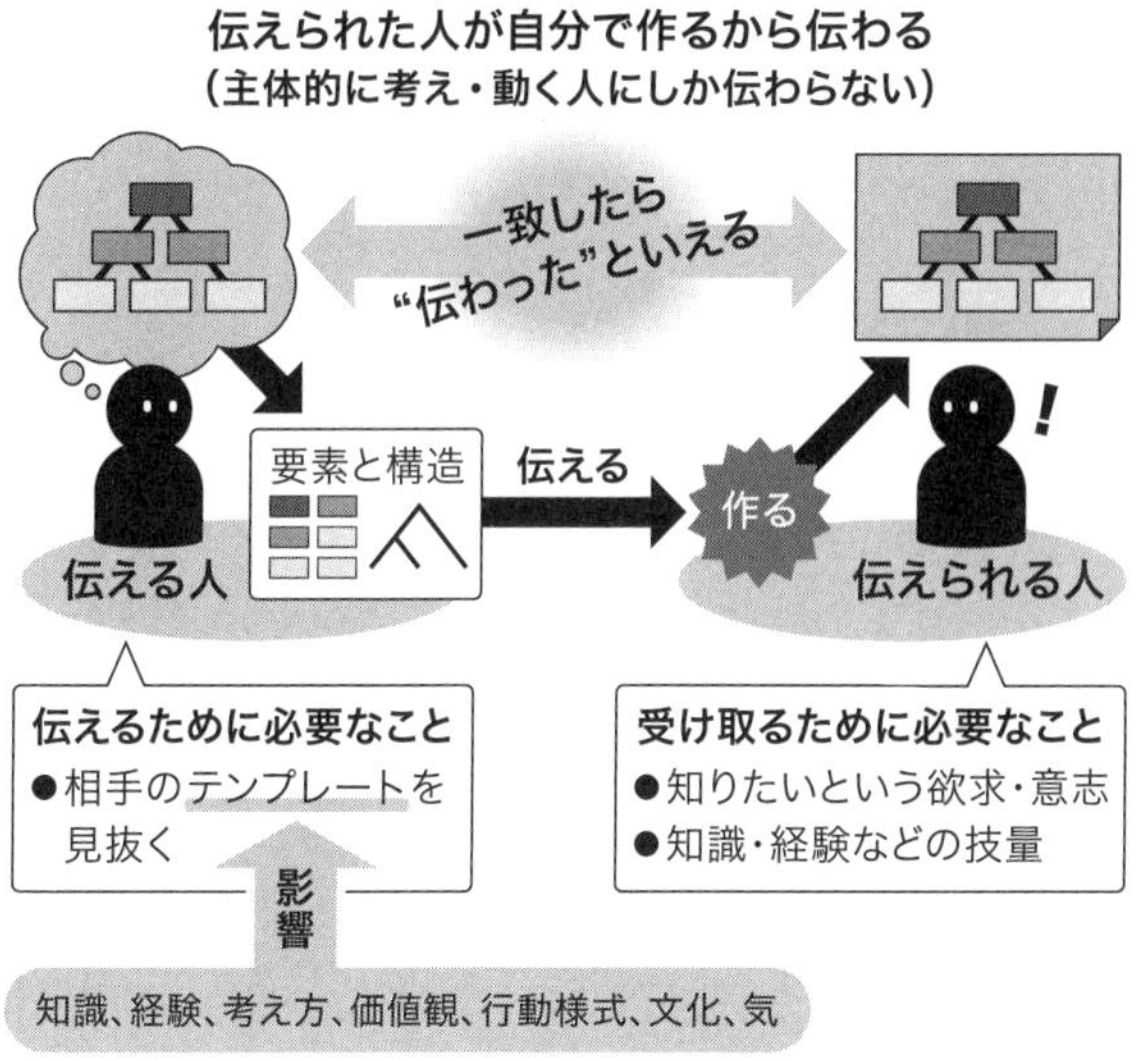
伝えられた人が自分で作るから伝わる
（主体的に考え・動く人にしか伝わらない）
一致したら
“伝わった”といえる
要素と構造
伝える
作る
!
伝える人
伝えられる人
伝えるために必要なこと
●相手のテンプレートを見抜く
受け取るために必要なこと
●知りたいという欲求・意志
●知識・経験などの技量
影響
知識、経験、考え方、価値観、行動様式、文化、気

ない場合は、新たにつくってもらうしかありません。なんだかよくわからない、面倒そうなことを言っているように思われるかもしれませんが、これが双方の間に立ち塞がっている理解の壁を乗り越えるカギになります。

図1はここまでの説明を表した絵です。「要素」と「構造」というややこしい表現が出てきますが、「要素」は伝えたい情報を構成する部品のようなもので、それらを使って組み立てたストーリーのような

ものが「構造」だと考えるとわかりやすいでしょう。そして、伝え手は様々な部品を使って自分なりに組み立てたストーリーを伝えます。これがちゃんと伝わったときには、相手の中に同じ部品を使った同じストーリーがつくられているのです。つまり、両方がほぼ一致しているときに初めてちゃんと伝わるということです。

伝わっていないときの相手の反応は当然いまひとつです。これはセールスの場面を想像するとわかりやすいでしょう。伝え手であるセールスパーソンは、購入することのメリットを、価格や機能、使用する場面など、その商品を構成する部品を使ってつくったストーリーで伝えます。しかし、その話を聞いた相手に価格のことしか響かないと「高すぎる」という反応になるし、使用する場面を想像できなければ「便利そうだけど自分はいらない」となるでしょう。そういう場合、優秀なセールスパーソンは商品のメリットをちゃんと伝えるべく、相手の持つ知識や経験、考え方などを見極めながら説明の仕方を変えたり、ときにストーリーを組み立て直したりしながら伝えようとします。その際には、先ほどの図1の中にある、相手の「価値観」や「行動様式」、さらには「文化」や「気」といったものまで意識するとうまくいきやすいでしょう。

「気」というのは、相手を取り囲んでいる場の雰囲気とか空気感で、考え方や行動に強く影響を与えているものです。「文化」と似ていますが、その人やまわりがほとんど意識していないことが多いので別物として扱っています。いずれにしても、こういうものを上手に利用しながら、相手の中に自分が考えたストーリーをつくることができたときに、ちゃんと伝わって「商品が売れた」となるわけです。

いまの説明で理解できない人は、「伝えたつもり」「わかったつもり」では、実際には「ほとんど伝わらない」ということだけをしっかり覚えておいてください。正しく伝えたり受け取ったりするのは、それくらい難しいことなのです。その前提で臨めば、相手に過度な期待をすることのまずさがわかります。そのことでトラブルが起こることもある程度予見できるので、本当に伝えたいことはちゃんと伝わったかを確認するようになるし、うまく伝わっていない場合にも心を大きく乱されることなく、次善の策を考えながら対応できるようになるでしょう。

ちゃんと伝えるために必要なこと

ちゃんと伝えるための重要なポイントにも触れておくことにします。79ページの図1に「受け取るために必要なこと」として「知りたいという欲求・意志」や「知識・

経験などの技量」とありますが、大前提として、受け手の側にそのような「受け入れの素地」があることが求められます。これがないと、いくら優れたテクニックなどを駆使したところで、なかなかうまく伝わらないのです。

相手に受け入れの素地がない場合は、極端なことを言うと、これをつくるところから始めなければならないでしょう。なんだか面倒なことを言われているように思われたかもしれませんが、ちゃんと伝えるのは本来、それくらいたいへんなことなのです。そして、大学ではそれが教える側の役割と私は考えていました。学生たちが強く興味を示すことができるように失敗の話をしたり、体験学習の機会を提供してきたのはそのためです。

人は本当に「この知識が欲しい」と思うようになると、頭が能動的に働くようになります。自発的に知識をむしり取りたくなる状態で、実体験を伴う学習にはそのような効果が認められています。そのことが広く認められて、いまではアクティブ・ラーニング（能動的学習）の考え方に基づく学習方法が義務教育にも取り入れられています。

たとえば、海外旅行で訪れた国に魅力を感じたら、「この国の言葉がもっと話せたらいいのに」と思うでしょう。工学の勉強で「危なくない遊具のモデルをつくる」という課題を与えられたら、加工が簡単で安くて安全な素材はなにか知りたくなります。知識が欲しくなる状況は、このように頭の中に知識を獲得するための受け入れの素地をつくります。これがつくられている相手には、ちゃんと伝えることができるし、伝わるのです。

ただし、いまの話は知識を前提にしています。その人の状況や思い、話していることの真意を正しく伝える場合に必要なことは、知識を正しく伝えるときとは大きく異なるでしょう。これらのことを受け入れる素地というのも、知識のときとは別になるでしょう。その部分はこれまで深く検討したことがありませんでした。あくまで推測ですが、家族や恋人のような親しい間柄であったり、信頼関係のある友人などの場合、相手を理解したいという気持ちがあるので、真剣さがわかれば汲み取ろうとしてくれるでしょうから、こうした「特別な関係性」のようなものが受け入れの素地になるのかもしれません。

もちろん、それ以外の人であってもちゃんと伝わる可能性はあります。そのことを信じて、わかってもらえるまでとにかく伝え続けるというのも一つの方法です。相性や好き嫌いに左右されるので、時間はかかるし、効率はかなり悪いでしょう。伝えたいことがすぐにかつ正しく伝わる特別な関係をつくるのは、それくらいたいへんなことなのです。

私のまわりには、こういう特別な関係の人がたくさんいます。家族もそうですが、多くの研究会で一緒に勉強をしてきた仲間たちも特別な関係になっています。研究会では、そのときどきで関心のある問題に対して、みんなで集まって議論をすることを長く続けてきました。そのお陰でメンバー共通の理解のテンプレートのようなものがそれぞれの頭の中にできあがっています。極端なことを言うと、私が「あれのそれ」という曖昧な言い方をしても「あのことか」というふうにちゃんと伝わるのです。

この関係は知識の正しい伝達を前提に築かれたものですが、長くやり取りを続けているうちに、真意まで伝わりやすくなっていることに気付きました。整理ができていない、うまく言葉にできないことに関してまで、まわりが先回りをして「おそらくこういう思いで、こういうことを考えているんだと思う」と補足してくれることがよくあるのです。共通理解をベースに豊かな議論ができるので、研究会の場は私にとって本当に貴重な財産になっています。

こういう特別な関係は、一日やそこらでつくることができるものではありません。

何年、何十年かかるかもしれないし、それだけ時間をかけてもできないこともあります。振り返れば、共通理解のテンプレートは、それぞれの意見を真剣にぶつけ合うことを続けてきた中でつくられてきました。そのような場や関係をつくることが、伝えたいことがちゃんと伝わる特別な関係の構築につながるのだと思います。

「わかってもらう努力」のエネルギーが失われていく

ところが、実際は多くの人が逆のことをしています。その場をうまく取り繕うことができる、表面的な付き合いを好む傾向があるのです。これは、無用のトラブルを避けるための知恵ではないでしょうか。とはいえ、このような事なかれ主義の付き合い方では、互いの真意が伝わる関係を築きにくいのは確かです。

一方で、真剣にやり取りをしている場合でも、加齢による問題が生じます。私にも身に覚えがありますが、歳を取ってくると正しく伝える努力を惜しむようになるのです。誰かになにかを正しく伝えるのはたいへんで、ちゃんとやろうとすると多大なエネルギーや、わかりやすく伝えるための方法論が必要になります。真面目にやろうとすると体力と知力を大いに消耗するので、つい楽をしたくなるのです。正しい手順を踏まないショートカットの道で、要するに手抜きをするのです。

　これは長く生きて、いろいろな経験をしているからできることです。なんでもそうですが、ある知恵や技術、テクニックなどを獲得するときには、最初は生真面目に正しい手順を学びます。そして、しばらくはそれを守っていますが、長く続けているうちにいろいろと経験すると、どこでショートカットができるか体験的にわかります。それを実際に試して成功すると、味をしめて次から手抜きをするようになるのですが、世の価値観では、これは「効率化」と言って「よいこと」として扱われます。

　とくに自分の言うことをよく理解してくれる特別な関係にある人に対しては、この手抜きがひどくなります。私の場合も気付かないうちにそうなっていました。議論のときに「途中の説明を省くことが増えている」とまわりから指摘されることがしばしばなのです。

　それでも相手に真意が伝わっているので、自分ではひどい手抜きをしている意識はありません。しかし、付き合いの浅い人にはうまく伝わらないことがあります。そういうとき、たまたま同席していた特別な関係の人が「いまのはこういう意味ですよ」と通訳でもしているかのようにその人に教えているのを見て、「なるほどふつうはこれでは伝わらないのか」と考えさせられることが増えました。

失敗学など私の研究に関する話は、この数十年の間にどんどん内容が深まっています。その過程をずっと見てきた人には、「あれのそれ」という曖昧な言い方や、結論をストレートに話しても理解してもらえますが、馴染みのない人には伝わりにくいようです。以前はそういう人にも一から丁寧に説明することを心がけていましたが、それには多くの時間がかかります。基本的なことはたいてい本にまとめているので「それを読んで理解してください」という感じで、次第にショートカットをするようになったのでしょう。その手抜きが歳を取ってからは、より顕著になっているということのようです。

仕事上の付き合いのある人に対してもこんな感じですから、より親しい関係の家族や友人などへはさらに手抜きがひどくなる傾向があります。実際、その件で家族から文句を言われることが増えました。

これは私だけでなく、世の老人全般に言えることとです。実際、丁寧に伝えればいいのに、甘えや手抜きからそれをサボって、無用のトラブルを生んでしまうことはよくあるようです。こういう態度は、とくに親しい人に対して見せがちです。それは親愛の情の裏返しかもしれませんが、相手からすれば「身勝手な振る舞い」にしか見えないようなので注意しなければと思っています。

興味のない話は頭に入らない

加齢は、相手にわかってもらう努力のエネルギーが失われていく一方で、相手の言っていることを理解する努力のエネルギーも失われていくもののようです。相手が一生懸命話しているのに、理解できない、理解しようとしないというのも、老化現象の一つです。

これも私には身に覚えがあります。家族団らんのとき、まわりがいろいろと話したことが右から左に通過して、ほとんど覚えていないことがあります。頭の中を素通りするのは、自分が関心がないことです。それでいて長年の経験で、表面上はさも聞いているような態度で受け答えをしています。そのせいで「ちゃんと聞いていたのになぜ」とか「もしかして認知症か」と事が大きくなるのです。

じつに困ったことですが、これは相手の言っていることを理解する努力のエネルギーが失われていることが原因です。集中して聞いていれば理解できるし覚えていられるのですが、集中を続けていると疲れるので、集中しているふりをして適当に聞き流しているのです。関心のあることは集中していなくても記憶として残りますが、関心のないことはまったく残りません。まるで頭の中に、余計な記憶をブロックするための自動フィルターができているかのように見事に選別されるから不思議です。

どんなことに価値を認めるかは人によって異なりますが、いつも一緒にいる家族とは価値の共有ができているので、自動フィルターも似たようなものになってもよさそうです。ただ実際は、生活パターンや日常的に行っていることが大きく異なるので、その部分で差ができるようです。私はあまり気にしたことがありませんが、あらためて振り返ると、家族もまた私が話したことを右から左に素通りさせていることが何度もあったことを思い出しました。

とくに親しい関係でも、そういう手抜きは許容されることはなく、相手が「大事なこと」と考えていることまで手抜きで聞いていると、問題は大きくなります。CMのキャッチコピーだった「亭主元気で留守がいい」という言葉のように、現役でばりばり働いていた頃に仕事の忙しさにかまけてできていた言い訳は、さすがにいまは通用しません。いくら親しい間柄でも、老いてからはより気遣いが必要になっていると実感しています。

自分の話ばかりをしたがる老人

コミュニケーションがらみの老害に、自分の話ばかりをするというのがあります。嫌がられる老人の典型的な行動の一つです。私も以前、家族から「そういう傾向があるので気をつけて」と注意されたことがありました。

といっても、私の場合は自慢話というより、話題にしていることについて自分が知っている知識を話したがることへの指摘でした。いろいろなことを観察しながら検討してきたからできることで、自分では「話の引き出しが多い」というふうにむしろ長所だと思っていました。仕事でもそういうところが重宝されて、「気付いたことをどんどん教えて」という感じで生産現場や事故の現場に招かれることがよくあります。そのせいか気付いたことをどんどん話す癖がついていますが、それを家庭の中でついやってしまうのがどうも評判がよくないようです。

その反省から、最近は家庭の中だけでなく、研究会の議論の場などでもなるべく人の話を聞くようになりました。さすがに主宰者の私がずっと黙っているわけにはいかないので、最初のほうに少し話して、あとはまわりが一通り話をし終えてから、感じたこと、思いついたことを話すという感じです。静かに話を聞いていられるのは、研究会に参加しているのがある分野の第一線で活躍している人たちで、それぞれの話が興味深く面白いからです。聞いているだけで楽しいので、大いに満足しています。

世の中には、自分が話題の中心にいないと気がすまないという老人がたくさんいます。自分にはそういう傾向があまりないようですが、これはおそらく過去の経験も関係しています。その場の主役として扱われないと不機嫌になる、老害の典型例な人と出会った経験です。

大学で助教授をしていた三〇代の頃、知り合いに誘われて、ある業界の人たちと一緒にアメリカに見学に出かけたことがありました。ある技術の最先端に触れることができるということで、純粋な知的好奇心から誘いに乗りました。その見学ツアーはたいへん有意義なものでしたが、代表を務めていたのはまさしく自分が話題の中心にいないと気がすまない老人の典型のような人でした。ツアーの途中、私のことを「あいつは敬意を払わないけしからんヤツだ」と不機嫌そうに言っていると伝え聞いて、気軽な気持ちで参加したことをひどく後悔させられました。

私がツアーに参加したのは見学先への興味からで、業界内の人間関係とか政治的なことには一切関心がありませんでした。しかし、その集団の中ではそのような考え方は通用しないようで、私のようなおべんちゃらの一つも言えない者は、どうもその中にはいてはいけない場違い者だったようです。これでは誘ってくれた人にも迷惑がかかるので、以降は他人のお膳立てしたものに安易に乗ることをやめました。見学したいものや場所があったときには、労を惜しまずに自分でセッティングするようになったのです。同時に「自分はあの代表のようには絶対にならない」と心に決めて、自分が主催した見学ツアーでは、参加者が一定のルールの中で好きに見学ができるようにしてきました。

個人的な恨み辛みなどまったくありませんが、あのときの代表の方の振る舞いは、よい意味で反面教師になりました。自分がそのような振る舞いをしないように人一倍注意してきたのも、あのときの経験があればこそです。

高齢者によくあるとされる、自分が話題の中心にいたいという気持ちは、歳を重ねるうちに理解できるようになりました。私は自分で研究所を運営しているのでそうでもありませんが、社会の仕組みは老人にとって居心地が悪いもので、定年や引退などを経て、自分の居場所がだんだんなくなっていくような気分にさせられるのがふつうです。それまで中心のほうにいたのに、端っこに追いやられるのは寂しいものです。だから老害と言われようと、つい話題の中心になるように振る舞ったり話したりしたくなるのでしょう。

一方で、歳を取ると新しいことを経験する機会が減ります。人に自慢できることが新たにできることはないので、元気だった頃の自慢の話をつい繰り返し何度もしてしまうのでしょう。同じ話を延々と聞かされるほうはたまったものではないので、まわりから迷惑な老害と受け止められます。避けるためには、それなりに動いて新たにできる自慢話を増やすしかありませんが、気力も体力も衰えているのでなかなか難しいようです。

「女の敵」と言われた

コミュニケーションでは、相手がどう受け取るかまでちゃんと考えないとトラブルになることがあります。加齢はコミュニケーション力を低下させるので、老いると配慮不足からトラブルにつながるケースが自ずと増えてきます。とくに注意が必要です。

私も思ったことをそのまま口にして、知人から注意されたことがありました。消費者庁の消費者安全調査委員会の委員長をしていたときのことです。なるほど「口は災いの元」というのは本当だとわかり、あらためて気をつけなければいけないと思いました。

消費者庁は内閣府の外局で、消費者に関する行政や消費生活に密接に関連する物資の品質表示に関する事務を行っています。二〇〇九年に設置された比較的新しい組織で、私は三年後の二〇一二年に発足した、消費者に関わる広範な種類の事故の調査に取り組むことを役割とする消費者安全調査委員会の初代委員長を務めました。私が長年提言してきた、刑事責任の追及ではなく、事故の再発防止につながる調査を目的としている珍しい組織で、「消費者事故調」と呼ばれることもあります。

安全調査委員会の役割は、調査すべき事故の選定から調査方法、そして調査結果の考察などです。委員長の私にはそれ以外に、対外的な情報発信の仕事がありました。定期的に行われる記者会見で、事故調査の結果などを発表する役割です。またテレビカメラが入って行われる公式な記者会見の後も、時間をつくってその場に残って丁寧に取材をしてくれる記者さんたちに安全調査委員会の調査のあり方を丁寧に説明したり、質問に応じたりしていました。

この会見とその後の質疑応答などの内容は当然、新聞やテレビなどで報道されます。私の発言は会見後の個別の取材のときのものを含めて、各メディアの判断で部分的に切り取られたり、要約されたりしながら使われました。それは当たり前のことで、どんな形であろうと世の中に広く注意喚起できればいいと考えていました。しかし、そのことで知人から面と向かってお叱りを受けるとは思いもよりませんでした。

お叱りを受けたのは、毛染めによる皮膚障害、要するに白髪染めのトラブルに関する会見を行ったときの報道に関してです。いわゆる白髪染めは、皮膚に障害を発生させる危険性が高く、実際に多くの製品でトラブルが発生していました。もともと危険なものであることを知りながら、それよりも「きれいに見られたい」「若く見られたい」というのを優先して多くの人が使っているのが現実です。記事の中での私の具体的な発言は覚えていませんが、どうもそのことに触れたのがまずかったようで、合唱仲間たちと練習後の打ち上げでお店に入って談笑しているときに、ある女性から「あなたは女性全員を敵に回している」「発言には気をつけたほうがいい」と笑いながら注意されました。

最初はよくわからなかったものの、いろいろと考えているうちに「そういうことか！」と得心がいきました。私に言われるまでもなく、白髪染めの危険性は、使ったことのある人はよくわかっています。それでも若く見られるため、美しく見られるために必要なので、世の多くの女性は自分なりに考えながら上手に付き合っています。その領域に、私のように自分で使ったことがない、いかにも場違いな男性がずかずかと入ってきて、権力を振りかざしながら「これは体に害のある危険なものなんだ！」「危険なものは最初から使わないようにしないといけない！」と無神経かつ偉そうな講釈を垂れているように報道上は見えていたから、「女の敵にならないように気をつけなさい」と注意してくれたのだと思いました。

知人の見た記事の中の発言は、本来の意図と違っていようといまいと、まわりからは間違いなく私のものと見られます。危険性のあるものの注意喚起をするのは大事なことで、それが当時の役割ですから、割を食うことがあっても構わないと考えていました。一方で、受け取り方はやはり人それぞれというのをこの一件であらためて学ぶことができました。このケースは一対世の中全体なので、誤解が生じても仕方がありませんが、一対一のコミュニケーションではそうならないようにより注意しなければいけないと思いました。

「ふーん」という口癖

コミュニケーションに関する老害のパターンには、その場の空気や相手のことを考えない振る舞いや発言で、雰囲気を悪くしたり、相手に不快な思いをさせたり怒らせるというのもあります。先ほどのケースは報道を通してのものなのでちょっと違いますが、誰かに不快な思いをさせたという点は同じです。

こういう問題を避けるためのテクニックとして、不特定多数が見ているテレビなどでは断定的な物言いを避けて、「かもしれない」といった曖昧な表現を使うことが多いという話を聞いたことがあります。まるで事なかれ主義のようでどうかと思いますが、強い言い方や決めつけのような物言いでまわりに不快な思いをさせることが多い人は、さじ加減を覚えるために多少見習ってもいいのではないでしょうか。

先ほどの一件に懲りたわけではありませんが、いつの間にか私も柔らかい表現を使うようになっていました。自分では意識しておらず、まわりから指摘されて気付きましたが、いつの頃からか「ふーん」というのが口癖になっていました。使い方は独特で、相手の話への反応や返答にストレートに使うのでなく、なにかの出来事などに対する感想を伝えるときに「ふーん、だよね」という物言いをするようになりました。

この場合の「ふーん、だよね」の意味をあらためて自分なりに考えてみると、新たに出会った知識や概念などに対する「はじめまして」の挨拶のようなものだと思いました。それまで自分の頭の中にないものが初めて頭の中に入ってくるとき、どんなふうに応対をすればよいかわからず困ります。ストレートに「いらっしゃいませ」とか「お初にお目にかかります」というのもおかしいので、受け入れる最初の印として「ふーん」を使っていたのです。

こういうとき、以前なら「そんなこともあるんだね」と、もっとはっきりとした物言いをしていたでしょう。曖昧な表現には、攻撃性や厳しい批判などのトゲトゲしいものをオブラートに包んで和らげる効果があるので、いつの間にか「ふーん」を使うようになっていたのかもしれません。

私の分析を事務所のスタッフに話したところ、話をしていてピンとこないときにも「ふーん」を使っていると指摘されました。理解できない話や意見などに対しても、「よくわからない」とはっきり言わず、「ふーん」で返していたので、どうやら状況に応じて「ふーん」の使い分けをしていたようです。白黒はっきりさせるべきときに使うとおかしな感じがしますが、そうする必要のないコミュニケーションでは、波風を立てないためにこういうものを使うのは案外大事なのかもしれません。

ただし、使う場合は、それなりに場の雰囲気を読んだり、相手の反応を見極めることが必要です。空気を読まずに曖昧なことばかり言っていると、まわりを不快にさせたり、場合によっては認知症の疑いをかけられかねません。本当に気をつけなければいけないことばかりで面倒です。

疲れて頭が働かなくなったとき

人間の能力は常に一定ということはなく、そのときの状態に左右されます。いつもは当たり前にできることでも、体が疲れているとできないことがあります。私も歳を取ってから、そういうのを感じる機会が増えています。

これは体だけでなく頭も同じようです。いつもはふつうに動いているのに、使い続けて疲れると、突然頭が働かなくなることがあります。昔からそういう傾向はありましたが、最近は顕著になっています。

先日、講演を頼まれて、泊まりがけである会社を訪問したときもそうでした。ホテルで一泊した後、集まった経営陣や社員を前に依頼された講演と、その後の質疑応答まではいつものようにきっちり行うことができました。しかし、そこでエネルギーが尽きました。その後、社内報用に、社長さんとの対談をお願いされて、その場に臨みましたが、その時点ではもう疲れから頭が思うように働かなくなっていました。

それでも表面的にはそれらしいやり取りができるから、経験による積み重ねというのはたいしたものです。それまでの数々の経験から学習して、こういうときはこういう話をすればいいとか、相手のこういう話にはこう返せばいいというのがなんとなくわかっているのでしょう。疲れているので頭を使うことをせず、そんな表面的なやり取りをしようとしていました。

その変化を同行者は見逃しませんでした。失敗学の発信を長年一緒にやってきた、私と同じような働きができる貴重な人で、こんな事態になることをある程度予想して同行をお願いしていました。私がもう使い物にならない状態になっているのをすぐに察したようで、「対談は自分が代わりにやるから先生は横で座って聞いているだけでいい」と助け船を出してくれました。先方も私が疲れているのを理解して、「問題があればゲラのチェックのときに修正してください」と言ってくれたので、対談の時間を頭の疲労回復に使うことができました。

適当な受け答えをしてまわりを困らせるのは、老害の典型的なパターンの一つです。表面的な受け答えはできるので、接するほうは煙に巻かれているようで不快に思われるのでしょう。しかし、そのときの状態は、もしかしたらこのときの私のように、頭が疲れて働かなくなっているということかもしれません。

その状態でちゃんとした受け答えをするのはほとんど無理ですが、私のことをよく知る人でないと、そのあたりのことに気付いてもらえません。本人がいまの自分の状況をうまく説明することもできないでしょうから、「なんかおかしい」という印象から「もしかして認知症?」となるのは目に見えています。

こういうとき、すぐに察して休ませるなどの対応をしてくれる人がまわりにいると、非常に助かります。そうなれば結果として老害が減って、誰にとってもプラスになります。実際には、そんなふうに理解のある人はなかなかいないので、老害だと不快がられたり、認知症ではないかと疑惑の目で見られる高齢者は増える一方ではないかと思いました。

感度を下げる

コミュニケーションに関する老害のパターンの一つに、すぐに感情的になるというのがあります。相手の物言いや態度が気に入らないと、いきなり怒り出したり、へそを曲げたりするといったものです。さすがに私には身に覚えがないものの、そういう老人がいるという話はたまに聞きます。

すぐに感情的になるのは、おそらく感度が高いからです。まわりの態度が目に入ったり、話が耳に入ったりするから、反応してそうなってしまうのでしょう。総じて考えればそういうふうには受け取ることができないのに、態度や話の一部に過剰に反応していることも多いので、これはなかなか厄介です。

この種の老害行為を避けるには、感度を下げるのが一番です。見えないふり、聞こえないふりをするのでなく、本当に感じないようにするのです。これはまわりの態度や話に集中しなければいいだけなので、意外に簡単にできます。

逆にやりすぎで、あらぬ誤解を受ける心配があります。実際、感度を下げすぎて、なにを言っても無反応というのも、老害のパターンの一つに数えられています。そのあたりのさじ加減は難しいので、まわりの反応を見ながら自分なりに調整するしかありません。個人的には、すぐに感情的になったり、権威をかざして尊大ぶったりする年寄りはまわりからすると迷惑以外のなにものでもないので、感度は高いより低いほうがいいと考えています。

手本にしたい名経営者の話

かつて「こんな老い方をしたい」と思わせてくれた人がいました。日本化薬という会社の会長などを務めた実業家の原安三郎さん（故人）という方です。お会いしたのは私が大学院を修了して日立製作所という会社に入社したばかりの頃です。「これから社会人としてやっていくならぜひ会っておくべき」という大学時代の先輩の勧めで、一緒に訪問することになりました。

あらためて調べてみたところ、原さんは明治一七年（一八八四年）生まれなので、私が会ったのは八〇歳を少し越えたばかりの頃でした。ちょうどいまの私と同じくらいの年齢です。目の前の二〇代半ばの新入社員は、おそらく洟《はな》垂れ小僧にしか見えなかったでしょう。そんな相手に半日ほど時間を割いて、丁寧に接してくださいました。

単なる気まぐれなのか、それとも私の顔を見てなにか感じるものがあったのか、いまとなっては確認することはできませんが、思い出す度に感謝の念が沸々と湧いてくる貴重な体験でした。

残念ながらいまの私の中では、当時の記憶もだいぶ薄れています。こんなことなら記憶が鮮明なうちに記述しておけばよかったと後悔しています。唯一の救いは、過去の私の著書の中で、当時のエピソードに少しだけ触れていることです。まわりへの配慮から原さんの名前は出していませんが、魅力的な人柄や、貴重な教えを少しでも誰かに伝えられたのはよかったと思っています。

そのとき本で紹介したエピソードはこんなものです。応接室に通されていきなり始まったやり取りは、「この部屋に来るのに階段を何段昇ったと思うか?」という唐突な質問をきっかけとする問答でした。私は当然、驚きましたが、すぐに自分の知識を総動員して考えました。そこは建物の二階でした。ワンフロアの高さはだいたい三メートルくらい、階段一段分の高さは二〇センチ程度と考えて、そこから計算して「だいたい一五段くらいだと思います」と答えました。

原さんはすぐに種明かしをしてくれましたが、この質問は入社面接のときによくするものだそうです。目的は、相手がだいたいの数の大きさをつかんでいるかどうかや、正確な答えを持っていない場合に、その場で必要な数字を自分でつくることができるかを見ることです。そして、「だいたいの数の大きさをつかんでいなかったり、必要な数字を自分でつくれないような人は、会社の経営はできないし、技術者にもなれない」という話をしてくださいました。ちなみに、当てずっぽうのように思える私の答えは、しっかりとした根拠に基づいて実際に近いものを導き出しているので、「合格」ということでした。

そこから小さい頃の病気の後遺症が原因で、学校から追い出されそうになったり、就職がうまくいかなかったりしたこと、火薬を扱っている会社の経営者だったのに戦時中は軍用ではなく産業用に徹していたので戦後の公職追放を逃れたことなど、いろいろなことを話してくださいました。また経営者の心得のようなことも、いくつか教えていただきました。

とくに印象に残っているのは決断するときのコツの話です。「一晩考えたら自分で結論を出して行動しろ」と教わりました。大事なことは日頃からそれなりに考えているもので、考えていないことは二晩三晩考えたくらいで答えを得ることはできません。

だからいまあるもので判断するしかないし、その検討には一晩あれば十分ということでした。また、人に相談するのはいいけど、「最後は自分で決断するのが大事だ」とも教わりました。人に判断を委ねると楽に結論を出すことができるものの、結果がまずかったときについその人のせいにしたくなります。そもそも状況が一番わかっているのは自分なのだから、最後の決断は自分の責任でやるべきということでした。

この面会の後に先輩から言われたのは、どうやら私はお眼鏡にかなったということです。「将来、大事な経営判断を任される立場になるだろうと考えて、いろいろと教えてくれたのだろう」ということでした。結局、私はその二年後に東大に呼び戻されて、工学の研究をしながら学生たちに知識を教えることになりました。実務から離れたので経営者になることはなかったものの、当時の教えはいろいろなところで役立っています。かなり強く影響を受けたようなので、失敗学にもそのエッセンスは含まれています。

思い返してみると原さんの話には、老害としてよく言われるような尊大さや自慢、押しつけがましさなどが一切ありませんでした。それでいて自分でなにかを考えるときのヒントとして大いに役立つものを与えてくださいました。人生の先達の役割というのは、まさしくこういうものではないかと思えるものです。だから私も「自分はこんな老い方をしたい」と強く思ったのでしょう。

その後もこのように思わせてくれる人に出会うことが何度かありました。ある大企業のトップを務めていた方もその一人です。やり取りを行うようになったのは失敗学を世に発信してからです。私の活動の趣旨をよく理解して、トップの立場からの見方など、外からはうかがい知れないことをいろいろ教えてくださいました。ときに問題の本質を考えるのに必要ということで、メモをしないこと、口外しないことを条件に、公開されることのない具体的な数字などを教えてくださることもありました。

私はこういう約束事を絶対に守るので、信頼してくださる人から本音や秘密とされる情報を聞くことがよくありました。こういうときに先方が私に期待しているのは、それらを使って社会の大きな利益になる新たな知見や価値を生み出すことです。自分でもずっと意識してきたので、その役割はある程度果たせたのではないかと思います。一方で、形は異なるものの、リスクを背負ってこの活動を支えてくださった人たちのように、誰かが社会の利益になる新たな知見や価値を生み出す手伝いになることが自分でもできないかと強く意識するようになりました。それが次項で触れている、メンターの活動につながっているのかもしれません。

メンターの「打ち上げ花火」

老害で最も深刻なのは、大きな権限を持っている人によるものです。大きな組織を動かしている人がおかしな判断や指示をすると、悪影響が組織全体に及んで、場合によっては組織の運営が成り立たなくなります。

とくに新しい分野のことを扱っている組織では、こうした老害が深刻な問題になることが多いようです。知識がないのに権限がある人が、自分の考えでおかしな判断をすることで、組織にとってマイナスにしかならない方向に舵を切ってしまうというパターンです。

これはまわりだけでなく、本人にとってもたいへん不幸です。こういう場合の対処方法として、「退場するのが一番」ということを本で書いたことがあります。悪影響を排除することで全体の利益を守るという趣旨です。本人にとってはつらいことでも、必要なときにはちゃんと決断しなければいけない、大事な選択です。

といっても、私の言う「退場」は、「引退せよ」というような厳しいものではなく、「その場を去る」とか「その権限を手放す」というくらいの意味です。適任でない人は適していないことをすべきではないのは当然で、そういうときは適している人に任せるのが一番です。一方で、自分は適していることをすればいいのです。

大きな権限を持っている人にとって最も適しているのは、組織のさらなる発展のため新しいことに挑戦している人たちをサポートすることです。この種の活動は組織の中で風当たりが強く、保守的な人たちからすぐに横やりが入ります。それなりにうまくいっているときは、余計なことをせずに従来どおりのことをしていればいいと考えるのが人間です。しかし、これでは未来に必要になる新しい芽は出てこないし、育つこともありません。そういう動きを応援するのが権限のある人の役割です。保守的な人たちから見ると、これもまた老害の一つの形に見えるかもしれませんが、大所高所に立って考えたら、どちらが組織の利益になるかは一目瞭然です。

大きな権限がない場合でも、組織やまわりにプラスになることはできます。私がやっている「メンター」の仕事がそうです。アドバイザーのようなものというとわかりやすいと思いますが、正確には少し違います。

私は企業向けに畑村塾という研修を行っています。新しいことを考える力を高めるためのもので、参加者の多くは幹部クラスであったり、開発や企画立案の仕事を担当している人たちです。また、似たようなことをイノベーションの促進を目的にした国立研究開発法人科学技術振興機構（JST）の「プログラムマネージャー育成・活躍推進プログラム」で行っています。こちらは一般公募で集められた研修生が対象で、主に企業や研究機関で創造的な役割を担っている人たちが参加しています。

私はこれらの場所で講師を務めています。いまは基本的な知識などを教えるのはほとんど他の人に任せていますが、それらを使って具体的な企画を考えて発表する課題発表の場には必ず立ち会っています。そこでの役割は、彼らの話を真剣に聞いて、自分が感じたこと、頭に浮かんだことを言葉にして伝えることです。これがメンターの仕事で、メンターの行っていることを「メンタリング」と呼びます。

メンターがアドバイザーと大きく違うのは、彼らの発表や業務について細かく具体的な助言をしない点です。それぞれの分野に関する知識は、実際に現場で格闘している人たちのほうが豊富にあるので、細かな知識のない私のアドバイスはあまり役立ちません。しかし、彼らの発表や相談を聞いて伝える、私がこれまで経験してきたことをベースにして思ったこと、考えたこと、感じたことを話すのは大いに役立つようです。聞く側にとっては、日常の業務とは一味違う、新鮮なものに感じられるからでしょう。

メンタリングというのは、いわば自分で考えるきっかけやヒントを与える行為です。私が話すのは、相手の話を自分のこれまでの経験に引きつけて考えたことです。しかし、それがきっかけやヒントになって、触発された相手は自分の課題のことを自発的により深く考え始めます。うまくいったときは、瞬間的に相手がいきいきとした表情に変わるので、それがすぐにわかります。

メンターの仕事はいわば、相手の頭の中に「打ち上げ花火」を上げることです。相手が大きな気づきを得たときの様子を私なりの言葉でこのように表現しています。このやり取りは真剣勝負のようなもので、一日やると私のほうもヘトヘトになるくらいに疲れます。しかし、私の言葉に反応して、相手の頭がいきいきと動き出している姿や、新たな気づきを得て成長している姿を見ることができるので、非常に楽しい仕事だと感じています。

メンター役は、自分の分野でいくつかの成功や失敗、あるいは困難な状況や修羅場を乗り越えてきた人が適任です。おいしいところだけつまみ食いするように要領よく世間を渡り歩いてきた人より、現場で愚直に頑張ってきた経験のあるベテランのほうが向いています。また、引き出しがあって、相手の話に合わせていろいろなことを経験に基づきながら話すことができる人も向いています。ただし、教えたり、従わせたりするのではなく、気付かせ、自発的に考えられる状況をつくるのが役割なので、相手の様子を見なかったり話をよく聞かずに自分の話を一方的にするような人は向いていません。

相手が必要なときにヒントになるような話ができるのが、メンター役の理想です。これは理想の老い、あるいは老いてからの理想のコミュニケーションに通じるものではないでしょうか。世代が異なれば経験していることや価値観も異なります。一から十まで丁寧に話したところで、伝わらないばかりか、相手は時代遅れのことを押しつけられているような感覚になるでしょう。それよりも自分のことをさらっと話しているように見えて、そのじつ相手がそのとき求めている、新たな気づきにつながることを伝えたほうがためになります。メンターの仕事を通じて、そんな理想的なコミュニケーションを長く続けていきたいと考えています。

第4章　「老い方」は人それぞれ

老いによる問題は人によって異なる

この章では、老いによって生じている様々な問題への対処方法について考えてみます。最初に確認しておかなければいけないのは、老い方は人それぞれということです。人間は長く生きているといろいろなところで徐々に衰えが見られるようになりますが、これには個人差があります。体は衰えてきたけど頭はしっかりしているとか、逆に体はしっかりしているのに記憶力や思考力が衰えてきたりとか、老い方は本当に人によって大きく異なるので、対処方法も当然、その人の状態を見ながら考える必要があります。

具体的には、現実を見つめることから始めるといいと思います。その人なりの老いの状態の見極めです。これは簡単なことのように思えて、そのじつ意外と難しいものです。老化の現実を見つめるのは、もともとあった機能が失われている状況を直視することです。元気な頃との差が大きいほどに、現実を見つめたときの辛さも大きくなるので、それ相応の覚悟がないとできないからです。

そのあたりも失敗とよく似ているので、失敗学の知見がそのまま使えそうです。失敗したときに、それが「自分のせいで起こった」と素直に認められる人はあまりいません。仮に自分がその失敗に関与していることは認められても、失敗が起こった責任は「自分にはない」とか「誰か別の人にある」と考えたくなります。このようにすぐに逃げを打ちたがるのが、失敗したときにありがちな反応です。

曖昧な態度を取りたがるのは、失敗を認めてしまうと、その瞬間から辛くてたいへんな思いをすることになるからです。背負わなければならないことも出てくるので、可能であればすべて忘れて何事もなかったことにしたくなります。これは一種の自己防衛反応です。現実が辛ければ逃げたくなるのは当たり前で、誰でもそうするかもしれない、ごくふつうのことです。

しかし、現実は甘くないので、それで万事うまくいくことはありません。失敗を認めずに事態を見ないでいると、たいていは状況がどんどん悪くなっていきます。そして、気づいたときには、取り返しがつかないくらいに被害が大きくなっている、というのがよくあるパターンです。

こういうときは素直に認めて、対処のためにエネルギーを使うのが得策です。これはかなりの困難を伴うこともあるので、そこをいかに克服するか、乗り越えていくかが、失敗後の対処をうまくやるための大きなポイントになります。

老いによって生じている問題への対処もまったく同じです。現実と向き合いながら自分の状況をできるだけ正確に把握したほうが、効果的な対処法を考えやすくなります。ただし、絶対に無理は禁物で、見たくもないものを見ることで心を病んで、それが原因で早死にするようなことがあっては元も子もありません。そのあたりも個人差があるので、自分ができる無理のない範囲でやってみるのがいいでしょう。

自分で行うのが無理なら、現状の把握から対策の検討までを誰かに任せるという手もあります。日本の社会は、長く生きている人に優しくできているので、加齢とともに生じている様々な問題を、公的制度のようなものを利用したり、家族など誰かに頼りながらある程度解決することが可能です。信頼して頼ることができる相手がいるなら、こうしたまわりのサポートを素直に使えばいいのです。

大切なのはやはり、自分にとって快適な状況をつくることです。それは人それぞれ違うものです。老いへの対策というのは、いわば自分の望む世界を、自分の状態と相談しつつ、まわりの助力などを得ながら実現していくものです。もちろん、その状態を長く維持するには、自分にもまわりにも過度な負担をかけない、というのが重要なポイントになります。

体の衰えから私の身に起こっている様々な問題

以下に、私の老いの状況の自己分析と、そこから導き出された対処法、さらにはそれを試した結果などを紹介します。これらはもともと老いの当事者の視点を記述として残しておくことが大事と考え、時間に余裕があったコロナ禍に集中的に行ったものです。自身の老いを分析して対策を考えるときの参考にしていただけたら幸いです。

老いによって私の身に起こっている問題は、大きくは身体機能、記憶力、思考力の三つに分類できます。まずは身体機能の問題からです。顕著なのは聴力と筋力の低下です。それ以外にも、手の震えやものが重なって見えるなど、いろいろと問題が生じています。

聴力の低下が明らかになったのは、家内の友人の忠告がきっかけです。「ご主人の耳が遠くなったように思えるから、一度医者に診てもらったほうがいいのでは」と言われたそうです。そこで家内同伴で、昔から共同研究を行っていた、耳の専門家の加我さんの診断を受けることになり、そこで加齢性の難聴が始まっていることがわかりました。

筋力の低下は、歩くのが遅くなったことで自覚しました。前述のように道を歩いていると、いつの頃からか人を追い抜くことがなくなり、人から追い抜かれるばかりになりました。あるとき一念発起して自分を追い越した人を追いかけてみたものの、歩く速度を上げようとあがいてみても歯が立ちません。相手がみるみる遠ざかっていくのを見て、無理をするのをやめ、自分のペースで歩くことにしようと決めました。

昔は電車通勤をしていたので、仕事が終わって駅から自宅まで歩いて帰るのが日課になっていました。以前は一〇分くらいだった同じ距離を歩くのに、いまは一五分くらいかかります。そんなことからも歩く速度が遅くなったことが確認できました。

一方で、歩幅も小さくなっているようです。以前は一歩がだいたい七〇センチくらいで、これをモノサシにして、歩測で対象の大きさを測るのに利用していました。ここからあそこまで一〇歩だから、「このものの大きさはだいたい七メートルくらい」というふうに測っていたのです。しかし、いまは歩幅が小さくなっているので、以前のように使うことができません。正確に計測したことはありませんが、自分の感覚ではだいたい一歩が六〇センチくらいになっているようです。そうなると歩測の際のモノサシの基準も変更しなければなりませんが、あるものが変化すると、それに合わせて別のものも変えなければならないのでなかなか面倒です。

肉体的な機能の衰えによる変化は、目にも現れています。数年前から「二重視」が起こるようになりました。私が勝手に命名した現象で、他の適切な表現方法を知らないのでこう呼んでいます。左右の目で見ているものが同時に目の前に現れて、対象があたかも二つあるように見える状態です。

二重視に気付いたのは、ソファで寝転びながらテレビを観ていたときです。画面の中に同じ顔の人が二人いたので、最初は「こんなことをするなんて不思議な番組だな」と思いました。考えてみればそんなことはあり得ないので、すぐに自分の見え方がおかしくなっていることに気付きました。

原因は脳機能の低下ではないかと推測しています。試しに左右の目の片方だけで観てみたところ、それぞれが二つの顔の位置と見事に一致したからです。左目による像と、右目による像が、同時に眼前に表出されていました。ふつうは左右両眼で見ている像を脳が処理をして立体像をつくっているので、一つの画像を見ているようなつもりになります。しかし、老化によってこの立体視のための処理を行うことができる範囲が狭くなり、処理が及ばない領域で二重視が起こったと考えています。

手の震えもひどくなりました。といっても、もう四〇年以上続いているので、厳密にいうと、これは老化によるものではないのかもしれません。いずれにしても、食事のときにはハシでつまんだものの汁が飛んでまわりを汚すし、字や図を書こうとするとペン先が震えてうまくいかず、困った状態が長く続いています。

あるとき定期検診でお世話になっている医師に相談し、専門医を紹介してもらって診てもらいました。専門医の見立ては、「振戦《しんせん》」という、身体の一部が規則的に、一定の方向に震える症状の病気ということです。そこで薬をもらって服用してみたものの、一か月くらい続けてもなんの効果もないので、相談の上、薬に頼るのをやめました。

これも自分では、どうも脳の不具合に原因がありそうだと思っています。素人判断ですが、筋肉の制御の伝達系のどこかに不具合があるのではないかと推測しています。そう考えると薬よりも針治療のほうが効果的ではないかと思いましたが、いまだに試していないので本当のところはよくわかりません。

私は仕事で文字や図を手書きで書くことが多く、手の震えには大いに悩まされました。支障が出ている状態をなんとかしなければならないと考え、あるとき震え方を観察して対処法を考えたことがあります。じっくり観察すると、指の先のほうでなく、腕の付け根の筋肉のほうで震えが生じているのがわかりました。そこで手のひらの外脇を紙面に押しつけた状態で指先の筋肉を操ったら、文字も図もうまく書けるのではないかと考えました。自分なりに考えたこの対処法の効果は絶大で、いまではこの方法で文字や図がそれなりにうまく書けるようになりました。

このことでさらに自信を深めて、手の震えを筋肉の制御の伝達系のどこかの不具合に原因があるとする自分なりの素人の見立ては、案外正しいのではないかと思っています。

機能の衰えを機械で補ってみると（難聴と補聴器）

一方で、専門医の考えた対処法に、素直に従うこともあります。加齢性難聴への対策として勧められた補聴器の使用です。勧めてくれたのが昔から信頼している加我さんだったのも大きな理由です。

一〇年くらい前から人間ドックを受けると必ず、「難聴が始まっているので耳の専門医の診察を受けてみては」と担当医に言われていました。その度に耳の専門家の加我さんに相談に行くと、補聴器の話は一切出ず、「耳の老化が始まっているので、まわりに滑舌をはっきりとさせて話してくれと頼みなさい」と言われるだけでした。その加我さんが補聴器の使用を勧めてくるのだから、よっぽどのことだろうと思いました。といっても自分の耳の状態が顕著におかしくなっている感じはしなかったので、おそらく補聴器の技術が相当に進歩したということではないか、というくらいに考えて使ってみることにしました。

補聴器の使用にあたって、まずは聴力検査を行い、自分が聞き取れる音の領域を調べました。これは自分が聞こえない領域の確認でもありました。通常の会話や生活をするための音環境を実現するために必要なのが補聴器です。要するに、老化による衰えで聞こえなくなった、ふつうに生活するのに必要な音の領域を補うのが目的です。

こうして生まれて初めて、コンピュータ内蔵の補聴器を装用しました。よく聞こえるようになって、最初の頃はまわりの音をうるさく感じることが多く、すぐに音量を下げるのが日課になりました。しかし、毎日使っているうちにすっかり慣れて、装用時の違和感はなくなりました。逆に、一日中装用し続けてから就寝前に外したときの異様な静けさが気になるようになりました。それはまるで、遮音用の筒を頭の上から被せられたような感覚でした。

補聴器を初めて装用した日にたまたま手にした週刊誌に、難聴の放置で認知症の発生確率が二倍になるという学術論文を紹介している記事がありました。対象の人の名字の「佐藤」を「加藤」と聞き間違えて頭の中で固定して記憶すると、この世に存在していない人が創作されることになります。本人の頭の中では、名字と性格などの組み合わせでその対象を認識しているので実存情報として扱っていますが、第三者からすれば実在しない人になるので齟齬《そご》が生じます。そういうとき、まわりから見たら、ありもしないおかしなことを言っているようにしか見えないので、認知症扱いされかねないということです。

また、時間の聞き違いのように実害が発生することもあります。「七時《しちじ》」と「一時《いちじ》」のように、よく似ている発音を聞き間違えて固定的に記憶した場合にどうなるかは、ちょっと想像すればわかります。会合の開始時間を夜の「七時」だと記憶してその場に行ってみたら、会場になっているお店の方から「その会合はお昼の一時から始まって三時過ぎには終わっていましたよ」と言われるかもしれません。幸いにしてこのパターンの間違いは実際に経験したことがありませんが、似たようなことはあるので、間違いが判明したその瞬間のなんともいえない嫌な気持ちはすぐに想像できます。

補聴器を装用してから一年後、就寝前の「遮音筒」を被された感覚のこともあったので、素の聴力が衰えたかもしれないと思い、再び聴力検査を行いました。結果は「変化なし」でした。装用時の状態と、外したときの差が大きいと感じたのは、すでにそれだけ難聴が進んでいたということのようです。そして、外した状態でいた時間を積算した分だけ、認知症リスクが高まっていたことにあらためて気付きました。

じつはこの診断の際、加我さんが補聴器を勧めたのも、そのことが理由であることを知りました。通常の患者さんの場合、30 dB（デシベル）の音が聞き取りにくくなってくると装用を勧めるそうです。私の場合はそれよりも小さな20 dBの音が聞こえていたので本来なら不要となるところですが、補聴器の使用が認知症の予防に効果があることがわかっているので装用を勧める判断をしたということでした。

結果として毎日を快適に過ごすことができているので、ありがたい判断だったと痛み入っています。

筋力保持のための愚直な努力

筋力の低下は、加齢を原因とする問題で一番厄介です。歩くのが遅くなったので嫌でも自覚していますが、これといって有効な対処法が見つからず、自分なりに効果があると思えることを愚直にやり続けています。筋力保持のためにやっているのは、毎日の散歩や週一回の水泳などです。

散歩は基本的に毎朝行っていますが、時間のあるときには午後にも出かけています。とにかく続けることが大事と考えて実行しています。「効率的に筋力を増強できる」と勧められて、スクワットというのを習ってやってみたことがありました。しかし、講師の方との相性がよほど悪いのか、やり方がよくわからず、どうも自分には合わないようなのですぐにやめました。なにをやるにも自分で納得しないとできない質《たち》で、ちゃんとした説明なしに「とにかくやればいい」と言われても、とてもやる気にはなりません。まわりから「気難しいじいさんだ」と思われようと、そこは譲れないところです。

ただ歩くだけの散歩でも、自分なりに考えて行うことができる点が合っているので、続けることができています。医師から「よかれと思ってやっていることは続けるべき」と言われているので、それも励みになっています。ただ、自分で設定した一日の歩数の目標である三〇〇〇歩は少ないので、もう少し多い五〇〇〇歩にするように言われました。これを一気にやるのは難しいので、途中で適度な休憩を入れながら続けています。一九歳の頃、「手抜きはしない」と固く決意しましたが、その自分との約束事がいまも生きているので、とくに不満を持つこともなく続けることができています。

私の祖父は八五歳で亡くなりました。それまで働き続けて、もう動けないからと引退を決意し、お世話になった人などへの挨拶回りを一通り終えてしばらくしてから逝きました。当時高校一年生だった私は、その頃の祖父と一緒に、家から都電の停留場まで歩いたことがあります。そのときの感想は「歩くのが遅い！」です。同時に、歳を取るというのはこういうことかと思ったのをいまでもよく覚えています。

その祖父の引退当時の年齢に自分も近づいています。歩みが遅くなろうと、自分の足で元気に歩き続けたいと毎日散歩に出かけているのは、おそらく祖父がよき手本になっているからでしょう。

一方の水泳は四〇歳の頃からなんとなく体を動かしたくなって始めました。私は一度決めたら徹底する質で、毎回一〇〇〇メートル泳ぐのを三〇年以上続けていました。

といっても、無理してやることではないと思っていたので、途中で止まって休むのはOKにしていました。そんなこんなで、トータルで一〇〇〇メートル泳ぐのがノルマになっていました。

しかし、七〇歳を過ぎた頃からこのノルマをこなすのもだんだんきつくなりました。そこで七五歳の頃から距離を減らして三〇〇メートルにしました。家族からは「せっかく続けてきたのにもったいない」と言われましたが、人間、引き際が肝心です。健康維持が目的なのに無理をして体を壊しては元も子もないと思って自ら決断しました。

三〇〇メートルにしたのは長年の経験からです。こういうものはだいたい三分の一くらいにすると具合よくいきます。そのあたりは本業である工学の知識に学んで、迷うことなくスパッと決めました。三分の一に減らしたからといって、急激に衰える気配はないので、狙いどおりにうまくいっています。

三回の転倒で思ったこと

体力づくりの一方で、行動パターンも変えました。歳を取って一番気をつけなければならないのは転ぶことです。まわりからの忠告や、実際に転んだ知人が急速に健康を悪化させている姿などを見て、「これだけは絶対に避けなければならない」と思いました。そこで七〇歳の誕生日に「下り階段では必ず手すりにつかまる」というのを決めて、以来ずっと続けています。

下り階段というふうに決めたのは、より危険度が高いからです。階段を下っているときにバランスを崩して転んだら、そのまま一気に転げ落ちて大けがをする危険があります。下手をすると命を落としかねないし、命が助かっても重い後遺症が残るかもしれません。まわりの負荷になるのは避けたかったので、とりあえずより危険度の高い、下り階段での行動に注意することにしました。

一方の上り階段での行動は、最初はあまり意識していませんでした。しかし、体力が落ちてくると、自然に手すりを求めるようになっていました。なのでいまは、階段を上るときも下りるときも、手すりにつかまるのが習慣になっています。

このような決意をする前は、自宅の階段に手すりはありませんでした。そこでホームセンターに自分で材料を買いに行き、家族に手伝ってもらいながら取り付けました。いまは上り下りが快適にできるようになっています。

駅など公共の場所の階段にはもともと手すりがついています。しかし、場所によっては階段の幅が広いので、駅の改札からホーム、ホームから改札へ歩いて移動しなければならないときは、人の流れを見ながら斜めに歩いて端っこにある手すりを目指しています。エスカレーターがあればしめたもので、乗ったら必ず手すりをしっかり握るようにしています。

このように適度な手抜きをしながら筋力維持にいそしみ、行動パターンも変えるなどそれなりに対策をしていますが、それでもこの一〇年ちょっとの間に、三回ほど転びました。どんなに注意や備えをしても、その網の目をすり抜けるように起こるのが失敗です。そのことを身をもってあらためて確認しました。

一度目の転倒は出張先でのことです。ある企業の視察を終えて、車で宿泊先のホテルに向かい、下車しようとした瞬間に立ちくらみがして、そのまま倒れました。そばにいた人にぶつかってから倒れたので、その人がクッションの役割になってくれましたが、その後に地面に顔を打ったようで、唇のあたりが切れて出血しました。幸いにして宿泊先のホテルで医師の人たちの会合が行われていて、帰路の途中だった何人かの医師がタイミングよく通りかかり、異変に気付いて簡単な処置と救急車の手配などをしてくれたので大事にならずにすみました。といっても、病院で唇の部分を縫合したので、しばらくは顔に大きな違和感が残り、自分から見れば結構な大事でした。

二回目はお酒を飲んでタクシーで帰宅したときで、下車するときに転びました。このときは立ちくらみでなく、踏ん張る力が足らなかったのが原因です。お酒を飲んだ後、車の中でのんびりくつろいでいたので、筋肉もすっかり休んでいたのでしょう。車から降りるときには、いつもはしないような姿勢を取らないといけませんが、その際にちゃんと踏ん張ることができず、ふにゃふにゃと崩れ落ちるように倒れていました。

二回目の転倒は、一回目と違ってケガをすることがなかったのが不幸中の幸いでした。一方で、力が入らないというのは初めてに近い経験で、「自分にもそういうことが起こるのがわかったのだから、注意しなければいけない」と強く思うようになりました。以来、「足が信用できないのだから手でカバーしよう」と、手すりなどを積極的に利用するようになりました。足の筋力だけに頼って行動するのを避けるようになったのです。

三回目の転倒は電車に乗っていたときでした。足の筋力の補助のためにちゃんと登山用の杖を持って外出しましたが、まだ使い慣れていなかったので失敗してしまいました。電車がブレーキをかけて停車した次の瞬間、バランスを崩してそのまま転んでしまったのです。本当はつり革や手すりにでもつかまっていればよかったのですが、杖でなんとかしようとしたのが原因だと思います。私に全体重をかけられた杖は、哀れなことに折れて私の下敷きになっていました。身代わりになってくれたのか、お陰で体はどこも痛めずにすみましたが、一歩間違えれば折れた杖が体に刺さって大けがをしていたかもしれないので、杖もまた強度を考えながら危険を避ける使い方をしなければいけないと思いました。

これら三回の転倒はいい教訓になっています。根本原因は加齢によって筋肉が衰えたことだと思い、備えるために筋力をつけるべく、日々歩くことに精を出しています。その一方で、手すりのあるところでは利用したり、歩くときには杖を持って使い慣れるように心がけています。お陰で四回目の転倒は、いまのところ起こしていません。

このように意識をしていると、失敗は起こりにくくなります。しかし、失敗の特性を考えると、決して油断してはなりません。どんなに備えをしても必ず起こるのが失敗です。防ぐため、繰り返さないためには、愚直な努力を根気強く続けていくしかありません。また、予期せぬ形で起こる失敗は、備えをしていない分だけ被害が大きくなります。取り返しのつかない致命的な失敗を避けるには、先回りをして回避や被害を小さくするための手を打つのが効果的です。階段で必ず手すりを使うようにしているのはそのためです。

じつはそんなことを書いている最中に、生まれて初めての入院を経験することになりました。もともとの原因は前立腺の肥大で、その影響があちこちに出て、結果的に入院治療が必要になりました。前立腺の肥大は三〇代から始まって、私のような八〇歳代では九〇パーセントの人に見られるということなので、加齢の影響であることは明らかです。幸いにして命に別状はないものの、数回の入院や手術が必要になり、未知なる体験と格闘しています。

加齢によってこのように身体にいろいろな問題が生じているので、安全対策として考えなければいけないこと、やらなければいけないことは増えています。これからも減ることはなく、どんどん増える一方でしょう。それをマイナスと考えず、失敗学の貴重な実践の機会にして、これからも半ば楽しみながら対策を考え、実行していきたいと考えています。

私の身に起こっている様々な記憶の問題

体の機能が衰える一方で、記憶にも問題が生じています。物や人の名前が出てこない、書きたい漢字が書けない、思い違いをするなど老人によくある問題は、一通り経験済みです。それまでなかったことや、滅多になかったことが度々起こると、さすがに心配になります。しかし、考えてみればそれも年相応のことのようなので、自分なりに分析して対処法を講じながら向き合っています。

対処というのは、状況を把握していないとできません。そこでまずメカニズムを考えることから始めました。物や人の名前が出てこないとき、言いたいことが喉の手前まで来ているのに、言葉になって口から出てきません。このようなことが起こる原因を自分なりに考えてみたのです。

以下は私の立てた仮説です。脳の中で起こっていることを比喩的に表現してみました。まず頭の中には言葉のつながりのようなものがあると推測しました。見つけたい言葉は高い場所にある袋の中に入って記憶されています。そしてなにかの名前を思い出そうとしたとき、ふつうはそのなにかの持つ属性に反応する形で、関連する言葉が袋の殻を破って降りてきます。属性というのは、その見つけたいなにかが持つ特徴や性質のことです。そして、加齢はこの反応を鈍らせるもので、言葉と属性の間にまるで見えないバリアがあるかのようになり、言葉の袋の殻が破れにくくなるため、「言いたいことが喉まで出てきているのに口から出てこない」というふうになるとみています。

いずれにしても言葉が出てこないのは困るので、この仮説をもとにして自分なりに対処法を考えました。話をしていて人の名前が出てこないことが多く、困ることが多発するようになりましたが、そういうときはその人の属性を挙げるようにしています。「○○をしていた」とか「○○という話をしていた」というふうに紐付けられた情報をいくつか挙げると、名前が出てきやすくなります。また、すぐに必要で時間をかけられないときや、どうしても思い出せないときは、まわりの人の力を借りることもあります。思い出したい人の属性を挙げると、勘のよい人が連想ゲームをやっているかのように「○○さんですね」と、その人の名前を伝えてくれます。幸いにして私のまわりには事務所のスタッフや研究会の仲間など、この連想ゲームが得意な人が多いので、たいていの場合はまわりの手助けがあればすぐに無事解決となります。

出てこないのが地名や物の名前という場合も、まわりに属性を伝える方法は有効です。ただし、この方法は自分の頭の中のイメージと、相手の頭の中のイメージが一致していないとなかなかうまくいきません。たとえば、「あれ」「それ」「これ」の指示語で表現できる現物が手元にない場合などは、その物がなにを指しているのか相手になかなか伝わりません。「こういうときに使う」とか「こんな形をしている」というように属性を伝えても、イメージが一致していないかぎり、どこまでいっても平行線なのです。

コロナ禍でZｏｏｍ会議を行う機会が増えたときは、慣れないパソコンやタブレットをよく触るようになりました。その際も自分と相手の脳の中のイメージの違いで大いに苦労することがありました。操作方法がわからないとき、相手の助力を得たいのですが、自分が見ている画面が相手には表示されていない、つまりこちらの状況など基本的なことの共有ができていません。そういう中でやり取りをするのは難しく、聞きたいことをうまく聞き出すことができずに困ったのです。

このケースは、必要な知識がもともと自分になく、それをまわりに補ってもらおうとしたけどうまくいかなかった、というものです。先ほどの、あるはずのものが出てこないというのとは少し違います。新たな知識を取り込めばいいだけと思われるかもしれませんが、そう簡単ではありません。そもそも私がデジタル機器の使用に前向きになることができないのは、設計思想やプログラミングの考え方が自分の持っている理解のテンプレートに合わない、つまり理解ができないのが主たる原因なので、この点を乗り越えるのはなかなかたいへんです。

意外に思われるかもしれませんが、私もかつてはパソコンをそれなりに使っていました。東大の教授をしていた頃で、手元を見ずにキーボードを打つくらいのことができました。パソコンを触らなくなったのは、定年を迎える少し前に『失敗学のすすめ』(講談社)という本を世に出してからです。以来、失敗の専門家としていろいろなところから仕事の依頼が舞い込むようになり、とにかく忙しくなりました。その頃は自分でメールを打ち返す時間もなく、それら一切を事務所のスタッフに頼るようになりました。その結果、いつの間にか完全に自分で操ることができなくなっていました。

これはおそらくパソコンへの関心や興味がまったくなくなったことが原因です。自動車の運転免許証の返納のときと同じで、そのものを扱わなくなったときから対象への興味や関心がなくなり、簡単な操作方法まですっかり忘れてしまったのです。

もともと理解できない上に、あまり価値を感じていないものに、興味や関心を持つ努力をすることは簡単ではありません。現状は、必要に迫られて家族との連絡にスマホのメール機能を使い、仕事で行うＺｏｏｍ会議用にタブレットやパソコンを利用しているという程度です。デジタル機器に大きな価値を感じることはできないので、熟達するどころかふつうに使いこなすレベルに到達することも、いまはあきらめています。

忘れることの悪さとよさ

記憶の問題に関していうと、失敗学では「忘れることは悪さでありよさである」と考えています。まずは悪さの話です。忘れることの悪さは、大事な教訓がなくなってしまうことです。それによって大きな失敗を引き寄せてしまうことがよくあるのです。

人間は忘れっぽい生き物なので、放っておくと過去のことはどんどん忘れていきます。こうした人間の忘れっぽさについて伝えるとき、私はいつもある法則の話をします。記憶の減衰に関するもので「三」がキーワードです。押さえておきたいのは「三日・三か月・三年・三〇年」です。

人間は同じことを繰り返すとすぐに飽きてしまいます。「三日坊主」という言葉がありますが、これは「三日」もするとたいていはそのものへの関心が薄れてくることを表しています。自分が経験した失敗のように手痛い思いをしたものへの意識はもう少し長続きします。それでも「三か月」もするとかなりのことを忘れることができるし、ひどく辛い体験でさえ「三年」くらいすると、だんだんとそのときのことを忘れていきます。

記憶の減衰は、組織や地域の中でも当たり前のように起こります。組織や地域の記憶は、活動記録として保存されるものもあるので、さすがに数年程度で大きく変化することはありません。それでも組織で「三〇年」、地域では「六〇年」くらいすると大事な教訓も含めて忘れられていきます。これは活動している人間の記憶の減衰だけでなく、人の入れ替わりによる記憶の減衰が起こることも要因です。

もっというと文書化されたり文化になっているものでも、「三〇〇年」くらいで消えてしまいます。下手をすると「なかったこと」にされてしまうことがあります。富士山の噴火がそうで、最後に噴火したのは一七〇七年でだいたい三〇〇年前です。実際に起こったときの影響は日本の社会全体に及ぶのに、その割に備えはそれほど手厚くありません。

それなりにでも備えがあるのはまだましです。最も危険なのは備えがまったくされていない状態です。いざ事が起こったときには、なにも対処ができないまま、被害がどんどん拡大していきます。東日本大震災がそうで、それなりの備えはしていたものの、前述のように一二〇〇年前の貞観《じょうがん》地震のことはすっかり忘れられていたため、同規模の大災害への準備が十分にされていない中で事が起こり、被害が拡大しました。

次ページの図2は、世代交代と記憶に関するもので、時間とともに緩やかに下がっていく線を「忘却曲線」と呼んでいます。いまの話は当てずっぽうでなく、ここにある計算に基づいています。三〇年で世代が交代し、その都度二分の一の記憶の減衰が起こると仮定すると、富士山の噴火の記憶は三〇〇年の間に一〇世代、二分の一の一〇乗でおよそ一〇〇〇分の一に減衰します。一二〇〇年前の貞観地震の記憶は、四〇世代で二分の一の四〇乗、およそ一兆分の一にまで減衰するので、「なかったこと」になるのは当然です。こういうものを大切な記憶として残すには、かなりの努力と工夫が必要になります。

図2 人間の集団の記憶と保持時間の関係

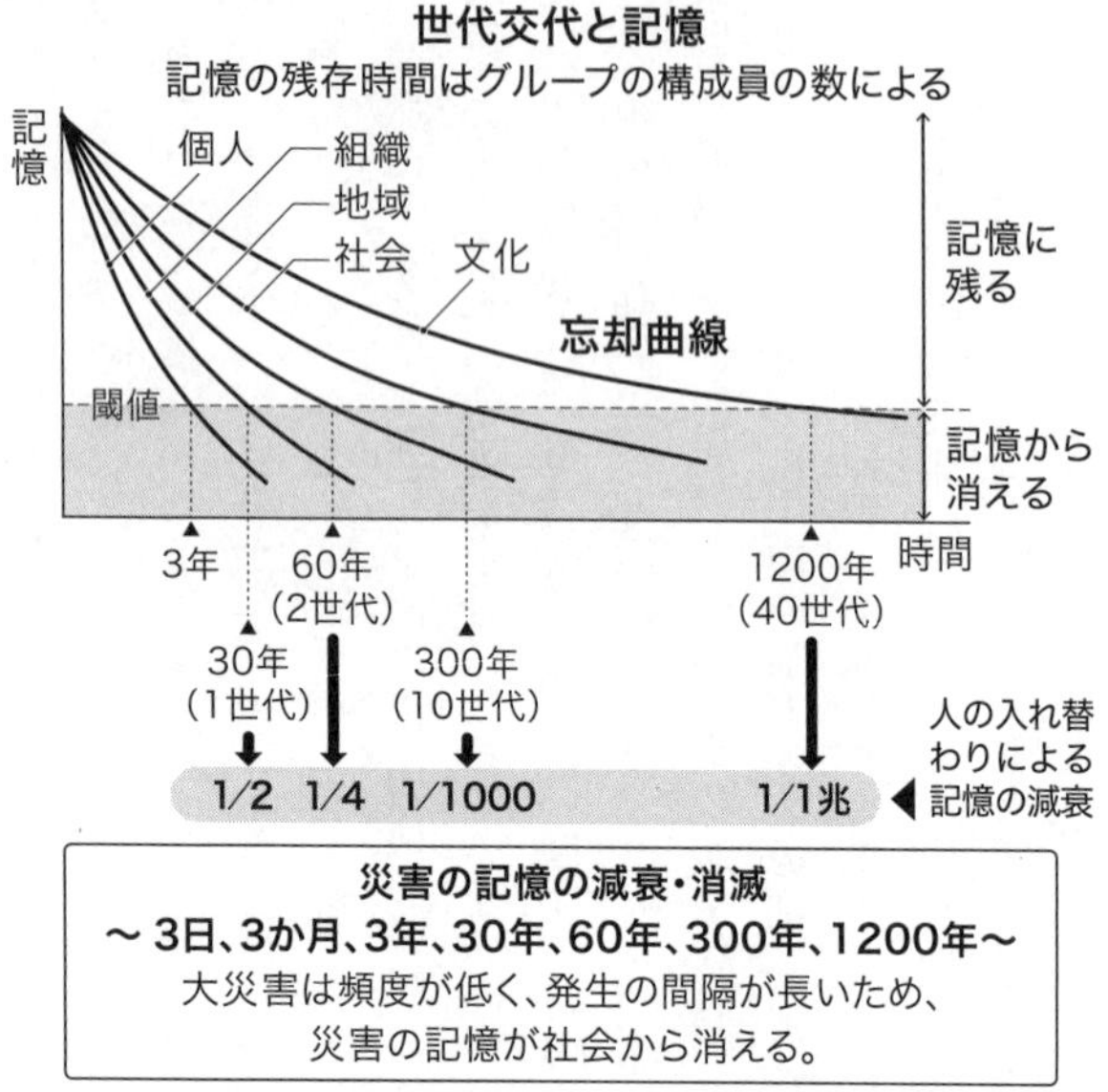

一方で、忘れることにはもちろんよいこともあります。それは前向きに生きることができる点です。時間が経つ中で、人々を後ろ向きな動き方しかできないようにしている、不必要な記憶もまた消えていきます。それは間違いなくよいことです。辛い経験を含めて過去のことをすべて覚えていたら、行動が制約されて動きが取れなくなってしまいます。記憶の減衰にはそれを防止する力があるので、忘れることを絶対悪とすることはで

きないのです。

個人差はありますが、一般的に高齢の人は従来の文化が変わっていくのを嫌がり、逆に若い人は自分たちを縛り付けている文化が変わっていくことに喜びを感じる傾向があります。これは人によって感じ方が異なるもので、本来はどちらがいいとか悪いとかで語ることはできません。基本的にはすべて、人間の営みの中でふつうに起こることとして受け入れるしかありません。

抗《あらが》うとすれば、やはり失敗学のモノサシを上手に使うのがいいと思います。自分の行動を後ろ向きにする、足かせになるものはさっさと捨てる一方で、大失敗を回避するための知恵になる、利益あるものは大切に受け継いでいくのです。紋切り型の判断ができないので実行するのはなかなか難しいと思いますが、後者を意識するようになるだけでも失敗に強い文化が育まれていくのではないでしょうか。

脳を動かすためにいまでもやっていること

記憶の減衰で困るのはやはり、「なかったこと」にすることです。嫌な記憶は忘れたほうがいいので、本人はそれで一向に構いません。しかし、まわりはちゃんと覚えているので、なかったことにすると齟齬が生じて困ったことになります。

私の場合も最近、まわりが「以前こんなことを言っていた」というのを、自分では覚えていないことが増えました。内容を詳しく聞いてみると、いかにも自分が言いそうで、「そんなことを言っていたんだ」と納得しています。仕事で付き合いのある人からの指摘なので、ものの見方や考え方に関することが多く、忘れていてもとくに大きな問題になることはないと考えています。多くの議論を重ねながらつくってきたものなので、骨子となる考え方はぶれることなく一貫しているという自信があるからです。

しかし、無意識のうちに「なかったこと」にしているのが、相手の利害に関係することだと想像すると、ちょっとぞっとします。それが誰かとの約束事なら、「約束したのに守らないのか」と責められるでしょう。日常の中の他愛のないやり取りでも、高齢者がそれをやると、「都合の悪いことはなんでも忘れる」とか「本当にボケたのかもしれない」などとまわりから陰口を叩かれかねません。そう考えると、「なかったこと」にするのはまわりに大きな迷惑がかからないものに限定したいところです。

記憶の減衰に対抗するのを意識していたわけではありませんが、昔からやり続けている習慣があります。それは書類の右上に、必ず日付を入れるというものです。老いを自覚するようになってから、これが記憶の減衰に対抗するのに大いに役立つことに気付きました。伝授してくれたのは先輩の教授でした。

東大工学部の教授会では、定年退官する教授が最後の挨拶をするのが慣例になっています。そこである方が伝授してくれたのが、この「書類の右肩に必ず日付を入れなさい」という教えです。同時に「それだけが頼りになる日が来ます」と話していました。当時はまだ若かったので、その言葉の重要性に気付くことはできませんでした。

それでも自分に合っていたようで、素直に受け入れてずっと実践しています。老いて自分も同じ立場になってからは、その言葉の重要性が理解できるようになりました。脳の記憶は時系列で行われているようで、日付があると時間の糸をたぐることができます。あることについて考えるとき、いまを基準にして「これは何年前」「こっちは何年前」とやっていくと、そのことに関する全体の流れのようなものをつかむことができるので、これにはかなり助けられています。

書類に日付をつけるのが有効な理由を自分なりに考えてみました。私なりに考えた、頭の中に記憶ができるプロセスがベースになっています。

最初は当然、なにもないまっさらの状態です。そこでなにかの動作を行うと、得られた結果も含めて、それらがまとめて記憶のタネとして保管されます。行動や結果がそれぞれ単体で保管されることもあるかもしれませんが、ばらばらのものは他との関係性がよくわからないので、保管しにくい上に引き出すのもたいへんです。保管しやすいのは関係性のわかっている、私流の言葉でいうと「シナリオのあるタネ」です。シナリオで結びつけられているので検索するのも比較的楽で、必要なときには芋づる式にまとめて引き出すことができます。

書類の日付が記憶を引き出すときに有効なのは、このようなシナリオで結びつけられているからです。あるものと結びついて、そのものを特徴付ける属性の一つになっているので、そのものや、関連する他のものを引き出すきっかけになるのです。この場合の日付は、いわば記憶を引き出すトリガーになっています。

ただし、記憶は平気ですり替わることがあります。つかんでいる流れが必ずしも正しいとは限らず、その点は困ります。実際、私が正しいと思っている流れを事務所のスタッフや研究会の仲間たちから「正しくはこうです」と修正されることが増えました。すり替えが起こるときというのは、そのほうが自分にとって都合がいいとか、好ましいということです。こういう損得を抜きにして、そのほうが説明しやすいからやるときもありますが、いずれにしても無意識というコントロールがきかないところで行われているようなのでかなり厄介です。

それでもこういう修正がすぐに入る環境は、かなり恵まれていると思います。これがないと自分がつくり上げた世界、悪くいえば自分以外の人と共通理解によって共有することができない妄想の中を、一人でふらふらと歩くことになってしまいかねません。脳になんらかの負担がかかって意識が一時的に混乱する、いわゆる「せん妄」は、認知症に似た症状であり、老害の人であるかのような扱いを受ける恐れもあります。可能であればなるべく避けたいものです。

まわりの指摘で記憶のすり替えが起こっているのがわかれば、その都度修正していくことでまわりとの共通理解をはかることができます。自分が歩く道がしっかりとしたものになるのです。この修正はプライドなどが邪魔をして簡単にいかないこともあるようですが、卑屈にならないように気をつけながら、謙虚に取り組んだほうが自分にとってプラスになります。私もそう考えて、まわりの指摘を謙虚に受け入れるようにしています。

出てこないときの対策

記憶を引き出すトリガーは、日付以外にもいろいろあります。自分でも無意識のうちにトリガーになりそうなものを利用しながら、日々記憶の減衰に対抗しようとしていました。人や物の名前が出てこなかったとき、いつもまわりに頼ることができるとは限りません。そういう場合、前述のように頭の中で属性を挙げつつ関連する言葉を引き出しながら、自分一人で欲しい言葉にたどり着くように努力していました。

私がよくやっているのは、語感をトリガーにして引き出す方法です。頭の中で「ア・イ・ウ・エ・オ……」というふうに順番に挙げながら探りを入れつつ、強制的に思い出すのです。関連のありそうなところにくると、頭の中の鈴がかすかに震えて教えてくれることがあります。そういうときにすかさずメモをして、さらに思い出すために格闘しています。

この方法の欠点は、とにかく時間がかかることです。五十音すべて順番に当たるのはたいへんなので、そのうちにア行からナ行までと、ハ行からワ行までの二グループに分けて、「こっちのような気がすると」と当たりをつけてやるようになりました。それでも思い出せないときはなかなかうまくいきません。語感の網の目から平気ですり抜けてしまうことが多いからですが、それでもなんとか思い出そうと、愚直にやり続けています。

あるとき世界最大の津波が起こった「リツヤ湾」の名前が出てこず非常に困りました。そのときは三日がかりで、とにかく自力で思い出そうと必死に取り組みました。それでもなかなかうまくいかず、その苦労を家族に話したところ、「そんなのはスマホやパソコンの検索機能を使えばすぐにわかるよ」と呆れられました。

確かにスマホなどの検索機能で、「世界最大の津波」という検索ワードを入れたら、それが起こった「リツヤ湾」という場所の名前はすぐに出てきます。しかし、そういうものに頼らず、自力でなんとかすることが大事だと思っているので、「なるほどそのとおりだ」と強く納得しつつ、半分はそのまま聞き流すことにしました。

以前、ある本に「カーナビ（を）使うとバカになる」と書いたことがあります。カーナビは、見知らぬ土地の初めて訪れる場所でも目的地までの行き方や道順を示しながら導いてくれるだけでなく、交通渋滞や通行止めなどの規制があれば別のルートをすぐに教えてくれるたいへん便利なものです。そんな優れた機能を持つものを使うなと言っているると受け取った人は、「畑村がまたなにか変なことを言っている」と思われたことでしょう。

この言葉の真意は、カーナビを使用することの否定ではありません。便利なものに頼って必要以上に依存すると、自分で考える力がどんどん奪われていくことへの警告です。そのことを伝えるために、あえてこのようなきつい言い方をしました。

カーナビが登場する以前は、目的地への行き方は自分で地図を見ながら考え、自分で決めていました。状況の把握、複数のルートからの選択決定、交通渋滞や通行止めなどトラブルが起こったときの対応など、すべて自分自身で行うのがふつうでした。しかし、カーナビに頼るようになると、そういう頭を動かす作業を一切行わなくなります。そのことを指して「バカになる」ときつい言い方をしながら注意喚起をしたのです。

思い出せないものがあったときに、便利なスマホやパソコンの検索機能に頼るのはこれと同じです。使うこと自体を全面的に否定しているのではありません。私は自分で操作をしませんが、検索機能は新たに触れる知らない言葉や、より詳しく知りたい言葉の意味を調べるときにたいへん便利です。しかし、すでに知っている言葉を思い出すのに使うのはちょっと違うように思うのです。とくに加齢による記憶の減衰が起こっている私のような者は、便利なものにすぐ頼るのではなく、自分なりに抵抗することが大事なのではないでしょうか。

それによって記憶の減衰が鈍くなるかどうかは、本当のところよくわかりません。私の身に起こっている記憶の減衰はどんどん進んでいるので、無駄な抵抗になっている可能性もあります。

そういえば、なかなか出てこない言葉を時間をかけて必死に思い出そうとしているとき、こんなことがありました。二日くらい奮闘していると、別の作業をしているときに突然、ふと出てきたことがあったのです。夜寝ているときにその言葉を思い出して、その瞬間に目が覚めるということもありました。おそらく別の作業をしたり、寝ている間も、自分の知らないところで脳が働いて考え続けていたのでしょう。そんなことが何度かあったので、私自身は愚直な努力が決して無駄になどなっていないと信じています。

日本を代表する細菌学者の野口英世は枕元にメモ帳を置いて寝ていたという話を聞いたことがあります。彼もおそらく寝ている最中に脳が働き続けていろいろな気づきが得られることを知っていたから、それをすぐ書き留めることができるようにしていたのでしょう。手本にしたわけではありませんが、私の場合はメモ以外にもいろいろなことで使っている手帳を枕元に置くのが習慣になっています。よいことのようなのでこれからも続けることにします。

六〇年前のことを突然思い出した

記憶を引き出すトリガーになるものはいろいろあります。対象が人の場合は、容姿や話し方、醸し出している雰囲気などの属性を思い浮かべることで、出てこなかった名前が引き出されたりします。また、対象が物の場合は、大きさや形、質感などを思い浮かべているうちに、名前が出てくることがあります。

私が実際に体験したもので面白いと思ったのは、地形や景色です。以前、長野県のある町で、元は製糸会社だったという建物を見学したときのことです。その建物の入り口は坂道の途中にあって、河原の丸い石を積み上げた石垣の間に門がありました。

その光景を見たときに、大昔の記憶が甦《よみがえ》って「ここには来たことがある」となりました。

唐突に甦った記憶は六〇年以上も前のものでした。父に連れられて、父の大学の同級生だった人の家を訪れたときのものです。その家はメリヤスの織物づくりをしていました。その記憶が、目にした石垣の景色が引き金になって、突然湧き出してきたのです。

じつのところ見学で訪れた場所が、六〇年前に父と訪れた建物なのかどうかは確認できませんでした。古い時代のことだったので確かめようがなかったのです。それでもその日の夜、布団に入っているとき、唐突に父の友人の「水野さん」という名字が頭に浮かんできました。芋づる式に過去の記憶が呼び起こされた、本当に不思議な体験でした。

最近もこんなことがありました。研究会の仲間と群馬県のとあるスキー場に出かけたときのことです。さすがにいまは自分でスキーをすることはなくなりましたが、仲間と一緒に出かけるのが楽しくて、機会があれば遠出もしています。その旅行の最中、買い物のためにお店に向かってカラ松の林の中を走っているときに、やはりまわりの景色を見ながら「ここには昔、来たことがある」となりました。

そのことを一緒に行動している人たちに告げたところ、最初は半信半疑という反応でした。私も確信が持てないでいましたが、そのまま走っているうちにだんだんと確信に変わっていきました。やがて道路脇に「種苗管理センター嬬恋農場」への入り口を示す看板が見えてきました。何度かの名称変更を経て、いまの名前になっていたようですが、私の中ではかつて訪れた「馬《ば》鈴薯《れいしょ》原原種《げんげんしゅ》農場」とすぐにつながっていました。

そこから当時の記憶が芋づる式に甦っていきました。当時、自分は中学生でしたが、父の発案で一緒に温泉に行くことになりました。目的地に向かう途中、大学の教授や農林水産省で研究員をしていた父のことを知っている人が突然、電車の中で「こんなところでお会いできるなんて」と声をかけてきました。話をしているうちに父が急遽《きゅうきょ》講演を頼まれて、その人が働いている農場に行くことになりました。上田駅から真田《さなだ》駅まで電車（現在は廃線になっている）で行き、駅からトラクターのような車に乗ってその農場を訪れていたのです。

同行していた仲間は、なにか面白いことが起こっていると思ったようで、気を利かせて看板の場所までわざわざ戻って、脇にある農場への道を車で進んでくれました。やがて現れたのは、雰囲気こそ当時と変わっていたものの、間違いなく自分が六十数年前に父と一緒に訪れた場所でした。もともと一般の人が気軽に訪れる施設ではないので、たまたま外で作業をしていた人が何事かと思ってこちらを見ていました。その人に当時のことを話してみたところ、突然のことに驚いてはいたものの、「せっかく来たのだから」と言って見学を勧めてくれました。そして、その人から知らせを受けた人がやってきて、そこがどういう場所でどういうことをしているかなど丁寧に教えてもらうことができました。

たまたま目にした景色がトリガーになって、六十数年前のことを思い出したことで、思いも寄らない貴重な体験をすることができました。とはいえ、この地形や景色のトリガーはコントロールが及ばないので、思い出したいことを思い出したいときに利用するのは難しそうです。

視覚以外にも、音や匂いなど五感がトリガーになることもあるようです。テレビでは懐かしのメロディーを扱う音楽番組が人気で、定期的に放送されています。ある音楽を聴くと、その人なりの記憶が頭の中に甦るので、それが楽しくて聴きたくなる人が多いのでしょう。これはまさしく音楽が記憶を呼び起こすトリガーになっていることの証左です。

私の身に起こっている思考の問題

加齢によって自分の身に起こっている問題に、思考に関するものがあります。問題の質として、記憶に通じる部分もありますが、区別して扱うことにしました。

最近とくに気になるようになった思考の問題は、思い込みや、思い違いです。忘れ物も増え、物を探すのに時間を使うことも増えました。これらは記憶もさることながら、思考に問題が生じているから起こっているように感じています。

一番の原因はやはり、脳の中で「縮退」が起こっているからだと考えています。縮退の本来の意味は、「恐れ退く」ということのようです。しかし、記憶を司る部分が縮んでいる気がして、それがよくわかる漢字が使われているこの言葉をあえて使いたくなりました。加齢によって頭の中で、自分の注意の範囲が分離化したり矮小《わいしょう》化していている感じがするのです。要するに、脳の機能が衰えて、注意力も思考力も以前と比べてかなり劣っているということだと思ってください。

以前は複数の思考のタネがあると、関心を持って眺めて関連性に気付くことができました。それがいまは気付くことができないどころか、そもそも無関心でいることが多く、なおかつその状態を平然と放置しているように思えるのです。そのため注意が及ぶ範囲がどんどん小さくなり、なおかつ思考のタネ同士のリンクが切れて、それぞれ分離している感覚があります。それを表現するために「縮退」という言葉を使いたくなりました。

かなりややこしい言い方をしているので、なにを言っているのかよくわからないかもしれませんが、こうやって新しい漢字の意味を創作する作業は、やっていて楽しいこともあり、私は時々行っています。第1章で「客観視」と「主観視」の話をしましたが、漢字の創作は「主観視」に軸足を置いたものの見方といえるでしょう。そのように世界を見ることで、「老い」の実情をより正確に記述できるようになるかもしれません。

並列処理ができなくなった

以前は一日にやる仕事や面談、会議、打ち合わせなど二〇個くらいのことが頭の中に入っていました。それを元に予定表に書き込んだり、一つ一つのことを順次深く検討することができました。多くのことに並列的に取り組む、並列処理が当たり前のようにできていたのです。

ところが最近は、それができなくなりました。仕方がないので一つのことに取り組み、片付けてから次を行う直列処理で仕事を確実にこなしています。無理をして並列処理をすると、頭がついていかずにミスが増えます。いまの状態には直列処理の方法が合っているようです。

かつて頭の回転の速い人を指して「人間コンピュータ」と言っていました。コンピュータは同時に多くのことを並列的に処理する力に長けているので、その特長になぞらえてこのような言い方をしていました。並列処理ができると、思考の幅が広がって、多くのことに気を配りながら最良の方法を素早く選択してこなすことができます。うらやましいかぎりです。

最近活躍している並列処理の達人としてすぐに思い浮かぶのは、棋士の藤井聡太さんです。棋士は先の様々な可能性を頭の中で並列的に処理しながら次の一手を決めていると聞きますが、藤井さんはその力に長けているから段違いの強さを発揮できるのでしょう。並列処理と言っても、すべてのことを同時に扱っているのではなく、取捨選択をうまく行いながらその場における最適解を素早く導き出していると思われます。その点も含めて彼は並列処理の達人ではないかと思います。

加齢はこの並列処理の能力を著しく低下させるものです。私の場合、歳を取ってからは同時に多くのことを行おうとすると、やりっぱなし、忘れ物などが増えました。このメカニズムについて考えてみたところ、取り組んでいたある一つのことが完了しないうちに別のことに意識が行くと、元のもののことを忘れて意識が戻らなくなるからだと思いました。

この思考の単純化は、様々な問題を生じさせます。老害としてよく挙げられる、「自分のことばかり話したがる」とか「昔の自慢話ばかりしている」、「同じ話ばかりを繰り返す」というのもこれが原因ではないかとみています。話題の中心にいたいというのを実現させるには、自分の話をするしかありません。しかも、加齢によって思考の幅が狭くなっているので「他の人の話を聞いてあげる」などという気遣いをする余裕はなく、直列処理で思ったことをすぐに実行したくなります。加えて、行動がワンパターン化して新たな刺激を受ける機会がほとんどないので、話のタネは一向に増えません。その結果、昔の自慢話を、まわりの空気を読まず、つい繰り返し話してしまうのではないでしょうか。

いまの話には、老害を避けるためのヒントが隠されています。意識して逆のことを望めば、老害扱いされる機会を減らすことができます。話題の中心に居座ることを望まず、人と接するときには聞くことに徹するようにします。また、話のタネを増やすために、新たな刺激を受ける機会を意識してつくるというふうにです。

意識していなかったものの、私は最近、これらのことを行っていました。仕事などで人と接するときは、まず相手の話をしっかり聞くことを心がけています。様々な研究会の主宰や、事故や生産の現場の見学などは以前から行っていることですが、これらは新たな刺激を受ける機会になっています。このような活動のお陰で、老害になる行動は最小限に抑えることができているのではないかと思います。

それでも気を抜くと、すぐに問題行動が出ることはあるようなので気をつけています。とくに気を許せる家族の前では注意が必要です。そこはやはりどんなに備えをしても避けることができない、失敗への対策とよく似ていると思いました。

「忘れ物」「やりっぱなし」のメカニズム

加齢とともにやりっぱなし、忘れ物などが増えました。年相応のこととはいえ、実害が生じるのは困ります。

物探しは、探すために余計なエネルギーと時間を使わなければなりません。考えた方法がうまくはまって見つかったときは、それなりの達成感や充実感を得られます。それはそれでうれしいものの、そもそも使いたいときに使いたいものが見当たらないのは困ります。お陰で本当にやりたかったことができなくなっているのですから、あまりいいことではありません。

忘れ物をしたときのことを思い返すと、それらしい原因があるようです。よくあるパターンは、ふだんと違う行動をしているときです。たいていの物は置き場所が決まっているので、ふだんどおりの行動をしているかぎりは問題は起こりません。しかし、なにかの原因で一連の決まった動作を終える前に他の動作を行うと、問題が起こりやすいようです。

次ページの図3を見てください。絵にするとわかりやすいので、水泳を終えた帰り

**図3 忘れ物が起こるカラクリ
〜脳の中では次のステップが進んでいる〜**

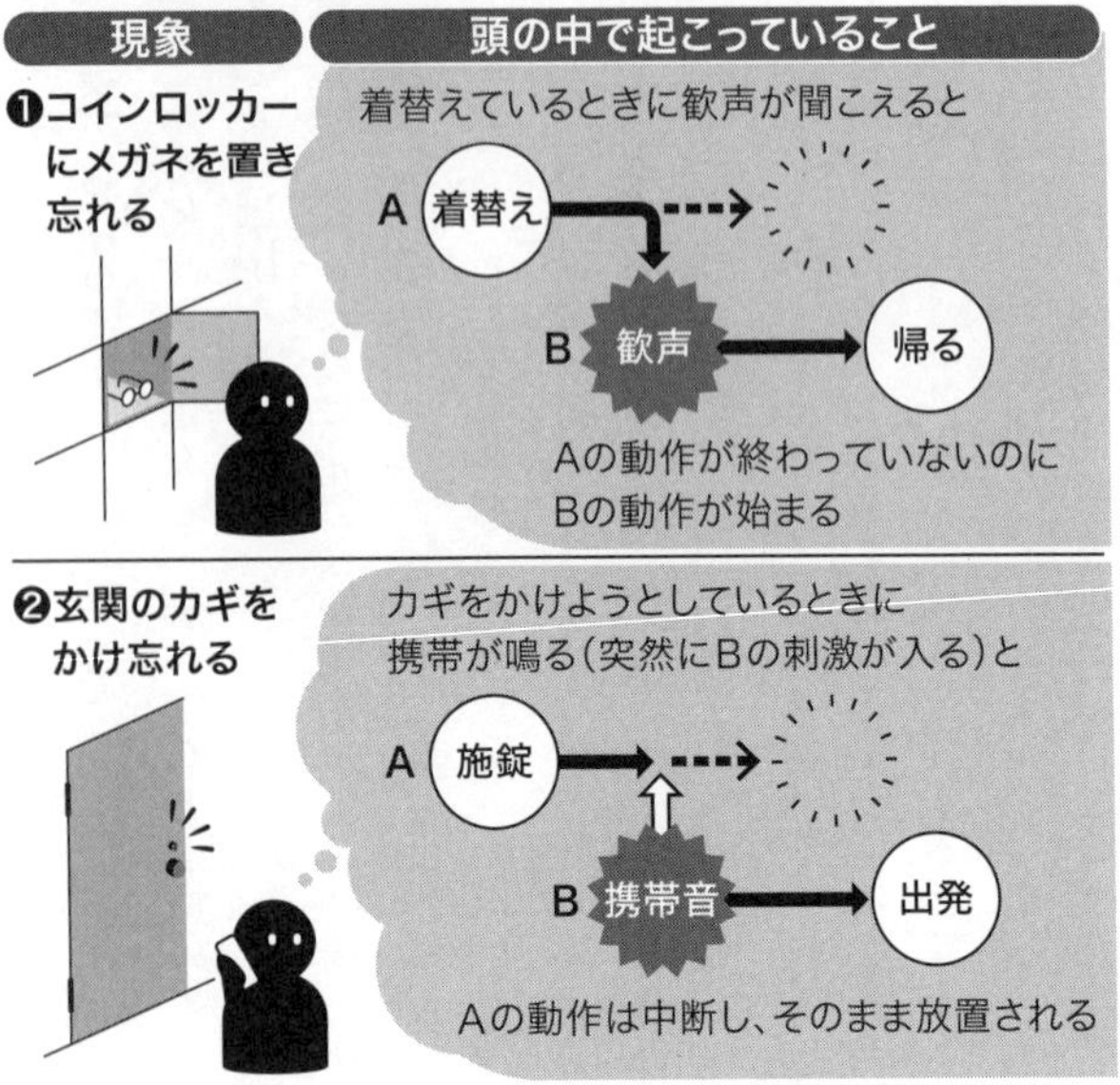
現象
頭の中で起こっていること
❶コインロッカーにメガネを置き忘れる
着替えているときに歓声が聞こえると
A 着替え
B 歓声
帰る
Aの動作が終わっていないのにBの動作が始まる
❷玄関のカギをかけ忘れる
カギをかけようとしているときに携帯が鳴る(突然にBの刺激が入る)と
A 施錠
B 携帯音
出発
Aの動作は中断し、そのまま放置される

にコインロッカーにメガネを置き忘れたときのこと（❶）と、玄関に鍵をかけ忘れたときのこと（❷）をそれぞれ描いてみました。

まずはメガネの置き忘れです。通常は着替えを終えた後、コインロッカーの中の荷物をすべてバッグにしまい、忘れ物がないかを確認してから帰ります。一連の作業が絵の中のAです。ところが、メガネを置き忘れたときには、途中で部屋の外から大きな歓声が聞こえ、そちらに気を取られました。しかし、頭の中ではAの作業を「終えた」と誤って認識し、実際にはAの作業を終えないまま、Bの帰路に就くという作業に移行しました。そのためメガネはロッカーの中に置き去りにされました。

玄関の鍵をかけ忘れたときはこんな感じです。「カバンからカギを出して、施錠をしてから再びカバンにしまう」というのが、本来やるべき一連の作業です。しかし、このときはカギを持って施錠をしようとしたちょうどそのとき、携帯電話が鳴りました。そちらに気を取られているうちに、やはり頭の中では「Aの作業を終えた」と間違った認識をして、電話を終えた後にそのまま「出かける」という次の作業に移行しました。

じつはやりっぱなしも、いまのメカニズムで説明が可能です。引き出しを開けっぱなしにしていたことがありましたが、ちょうどそのときも「物を出してから（しまってから）閉める」という一連の作業を終える途中で、事務所のスタッフから声をかけられたことを思い出しました。そちらに意識が行って、私の頭の中ではやはり「引き出しに関する一連の作業は終わっている」と間違って認識していました。そして、そのまま席を離れたので、現実の世界では引き出しが出されたままの「やりっぱなし」

の状態になったのです。

「初心者の失敗」と「ベテランの失敗」

失敗学では様々な分類方法で失敗を分析しています。「初心者の失敗」と「ベテランの失敗」もその一つです。そして、忘れ物ややりっぱなしなどは、後者のベテランが起こしがちな失敗に似ていると思いました。

初心者の失敗というのは、手順をよく理解していなかったり、不慣れがゆえにうまくできずに起こしてしまう失敗です。そのことにまだ慣れていないので、本人は学んだことを手順どおりやっているつもりが、どこかが抜けていたり、必要なことをうまくできていなかったりで、結果として失敗に至ります。これは幼い子どもが不慣れなことに挑戦している姿や、新人の社員やアルバイトの人が慣れない仕事に苦戦している姿を想像してみるとわかりやすいでしょう。

一方、ベテランの失敗は、熟達した者が手抜きやインチキをすることで起こるものです。初心者のうちは決められた手順をきちんと守りますが、慣れてくるとより効率的に目的を達成できるショートカットの方法を覚えます。実際にやってみて、この手順は抜いても大丈夫、これも抜いても問題ないというふうに学んで、そのことを自分なりの効率的な方法で行うようになるのです。いわゆるマニュアルを無視して、独自の方法で動いている状態です。こういう手抜きをしても、意外にうまくまわるようなので、表面上はなんら問題がないように見えています。しかし、それでうまくいっているのはたまたまかもしれないし、そもそも手抜きやインチキをしているのですから、なにかの拍子に一つ間違いが生じれば、当然のごとく失敗に至ります。

たいした被害はないものの、私が起こした忘れ物ややりっぱなしがまさにそうでした。並列処理がちゃんとできている頃は、途中で他のことに意識が行っても、最初の作業を最後まで滞りなく終えることができました。しかし、加齢によってこの力が衰えてくると、途端に忘れ物であったり、やりっぱなしという形のミスが増えました。

この種の問題を回避するのに有効なのは、初心者のときのことを思い出して、必要な手順を一つ一つ確実にこなすことです。途中で意識が別のことに行くようなことがあっても、再び意識を戻してそのとき行っている作業がちゃんと滞りなくできているかを確認する謙虚さや慎重さがあれば、つまらない失敗を回避することができます。

ただし、一連のことを無意識のうちに行っていることが多いので、実際の対処はなかなか難しいかもしれません。

これらの話をある研究会で披露したところ、メンバーの一人が納得しながら自分の体験と、それに対する考察を話してくれました。その人はまだ高齢者の域に到達していないものの、五〇歳を過ぎてから何気なく手に持っている物を落とすことが増えたそうです。落としているのは、ティッシュの箱や、操作をしようとしたテレビのリモコンなどで、大きな被害には至っていません。しかし、物を落とすことが確実に増えているので、気をつけるようになったということでした。

その人の分析によると、原因は握力が衰えてきたにもかかわらず、片手で物を持つのが習慣化していることです。まさしくベテランにありがちな失敗です。そこで落とすことが致命的な結果をもたらしかねないもの、たとえば飲み物が入ったグラスやスマートフォンなどを持つときには、初心に戻って意識的に力を入れたり、両手で持ったりすることを心がけているそうです。そのお陰で、致命的な失敗は避けられているようです。

この話を聞いたとき、「ハインリッヒの法則」をうまく利用していると思いました。

労働災害の発生確率に関する考え方で、安全対策に広く利用されています。一件の重大災害の陰には二九件のかすり傷程度の軽災害があり、さらにその陰にはケガまではないものの三〇〇件のヒヤリとした体験とハッとした体験（いわゆるヒヤリハット）が存在しているというのがハインリッヒの法則です。この一対二九対三〇〇の法則は、失敗の発生確率にもそのまま当てはまるので、失敗学でも積極的に利用してきました。

老いることは子どもに返ることと同じといわれることがあります。能力の衰えは、子どものそれに戻るようなものなので、初心者に戻ったかのように慎重に行動することは適切な対策になります。一度身につけた習慣を変えるのはなかなか難しく、とくに熟達したベテランが初心者のように動くことは、プライドが邪魔をして抵抗がありますます。それでも老いの問題に向き合うときの心得として、謙虚になることが多くの問題解決につながることを覚えておくといいでしょう。

置き忘れの問題への対処法

この章の最後に、探し物をするときの私なりの対処法を紹介します。日常的に使用しているものをどこかに置き忘れることが増えて、その探索のために多くの時間を費やすようになりました。そのお陰で探し物のテクニックが身につき、かなり熟達したように思います。ここで役立ったのが、ふだんと違うことをすると失敗が起こりやすいという、失敗学の知恵です。

探す対象がメガネだったとします。私が最初に考えるのは、どこかに置き忘れたときのことです。たいていの場合は、なにをどう考え、どういう動作をしたかをほとんど覚えていません。覚えていたらその場所に行ってすぐに見つけることができますが、そんなふうにうまくいくことは滅多にありません。

概して言えるのは、無意識の行動が絡むと探索が難しくなるということです。メガネがないことに気付くステップの前に、なんらかの動作をしていたのは確かですが、無意識の行動が多いので、記憶から引き出すのはなかなかたいへんです。それでもいまの状態から逆算をするように、自分がどういう行動をしたか必死に振り返ります。

こうして絞り出したいくつかの自分の行動の経路を実際に確認して、そこで捜索対象が見つかれば万々歳です。しかし、一向に見つからないこともあります。そもそもすぐに見つかるような、ありそうなところに置いていれば、必死に探す必要はありません。

すぐに見つからないのは、ふだんと違うことを無意識にしてしまったからに違いありません。こういう場合は、頭の中で仮想的な経路をいくつか考えて対処しています。実際に行ったか覚えてはいないものの、自分がいかにもやりそうなことをいくつか思い出して、その場所に行って探してみるのです。この推測がうまくはまって、無事解決となったこともありました。

こういう探し物では「他人の視点」も有効になります。自分の視点だけだと、同じ経路を何度も探索することになります。置き忘れの原因が、ふだんのルーティンと異なる行動にあるときは、これではうまく見つかりません。そんなときに有効なのが他人の視点で、別の人がその人の行動を推測しながら探してみるか、さもなければ自分自身で第三者になったつもりになって、実際の記憶を切り離してゼロの状態からそのときの行動を推測しながら探すといいでしょう。

他人の視点の効果は、娘の体験から確認できました。メガネが見つからなくて困っていると相談を受けたとき、「何回やっても同じルートしか探さないので、別の人が探したほうがいい」と探し物のコツをアドバイスしたところ、先ほどのやり方で無事解決できました。詳しく聞いてみると、彼女は家に帰るなり別人になったつもりで、自分が行きそうな場所を考え、探索したそうです。そして、自宅の風呂場の洗濯物の山の中から、間に挟まっていたメガネを見事に見つけることができたとすぐに電話で報告してくれました。

ふつうに考えたときに思いつかない経路は、ずっとスルーされ続けます。たまたま無意識に行動した結果、置き忘れたものがなかなか見つからないのはそのためです。こういうものにたどり着くために他人の視点が有効なのは、「自分はこんなことをするはずがない」という先入観を排除できるからです。

第5章　終わりから考える

まずくなったときの対処法をあらかじめ考える

予想できる問題はあらかじめ対処方法を決めておくと、いざ事が起こったときにうまく対処しやすくなります。とくに老いは誰にでも必ず訪れるものなので、災害対策などと違って長く生きることができれば備えがいつか必ず役立ちます。

とはいえ、将来のことを予想するのは意外に難しいものです。十数年前の東日本大震災では、「未曾有」とか「想定外」などの言葉が頻繁に聞かれました。地震やそれによって引き起こされた津波の規模は、当時の災害対策で予想していたのをはるかに上回るもので、様々な地域や原発をはじめとする様々な施設に大きな被害をもたらしました。私は当時の政府が設置した福島原発事故の事故調査・検証委員会の委員長を務めましたが、そのときあらためて感じたのは「想定外」への対処の難しさです。

なにかについての考えをつくるには、最初に考える範囲を決めなければなりません。そうしなければ考える部分がどんどん広がって、まとめることができないからです。この枠の内側にあるのが「想定」とか「想定内」で、外側にあるのが「想定外」です。範囲を決めると考えるのは楽になります。一方で、その枠の中のことは仔細《しさい》に考えるものの、外側にあることは考えなくなることが起こります。それだけならまだましで、社会や組織の中では枠の外のことを「考えなくてもよいこと」にしがちです。もっとひどい場合は、「最初からないこと」にしたり、「考えてはいけないこと」として扱います。

あの原発事故の背景にも、このようなことがありました。原発は安全でなければならないので、想定の枠の中では徹底した対策が取られていました。その一方で、少しでも危険があると運用そのものが許されないという社会のプレッシャーから、想定外のことは「起こらない」、だから「考えてはいけない」というような扱いがされていたのです。

この状態で想定外に起因する問題が起こると、結果は推して知るべしです。考えていないことで、備えもまったくしていないのですから、まともに対応することはできません。現場は当然パニック状態になり、なにも対処ができないまま被害は目も当てられないくらいに甚大になります。福島では原発とその近隣で、実際にそのようなことが起こりました。

それなら想定を広く取って考えればいいと思われるでしょうが、事はそう簡単ではありません。範囲を広げると、それだけ考えがまとまりにくくなるからです。そもそも人間の思考は完璧ではないので、いくら考えても必ず「考え残し」や「気付かない領域」が出てきます。こうした問題に対処するには、従来と別の考え方が必要になるというのが失敗学（正確にはそこから生まれた危険学というべきですが）の考え方です。

話がどんどん大きくなってしまいましたが、老いによって生じる問題はそこまで深刻ではありません。便利なツールを使った解決方法で触れたように、問題の多くはすでに世の中で検討されて、ある程度の解決策も用意されています。対応策を検討するにしても、個人で想定外を想定しながら行う場面はほとんどないでしょう。仮に想像もしなかった病気にかかったりケガをするなど想定外のことが起こっても、すでに用意されている方法を利用しながら対応できるからです。

ただし、心の問題も含めてそれなりの準備をしていないと、いざというときにうまく使いこなせないので、その点は注意が必要です。これもよくある失敗のパターンです。日本のように成熟した社会では、どこの分野でも想定される問題に対処すべくマニュアルのようなものを用意して備えをしています。たとえば相続の問題が発生したり、介護が必要になった場合など、たいていのことはアドバイザーの助けを借りながら既存の仕組みなりサービスを受けながら解決することができます。しかし、「だから安心」ということはなく、いざ事が起こったとき、目の前の現象とマニュアルに書かれていることが頭の中で結びつかず、想定していた対処がうまくできないこともあります。あらかじめ用意されているマニュアルが機能せずに被害が発生するのは、だいたいこういうパターンです。

失敗学で「逆演算」と呼んでいる思考法は、こういう問題への対処にも有効です。これはいわば、終わりから考える備え方です。起こっては困る結果を起点にしてそこから遡るようにして考え、原因になるものや発生条件などを検討しながら防止策などの対策を導きます。

「順演算」と「逆演算」

失敗について考えるとき、ふつうは時系列や、原因から結果という因果関係に従って「どんなときにどんな失敗が起こりうるか」を想定します。これを「順演算」の思考と言います。「逆演算の思考」の場合は、いまのと反対の思考プロセスを辿ります。具体的な失敗という結果を思い浮かべて、そこから遡りながら、その失敗を誘発する原因や防ぐための手立てを検討するのです。

原因から結果を見ていく順方向の見方のほうが流れはスムーズです。しかし、この方法では、あり得るたくさんのことを等価値で見なければならないので、検討作業がたいへんになります。想定漏れ、すなわち想定外の問題が必ず出てくるのはそのためです。

逆演算の思考のメリットは、事の軽重を考えながらこの想定漏れを潰すことができる点にあります。具体的な状況を想定して、そこから遡って原因を考えることができるので、とくに自分が避けたい失敗を誘発する原因と、それがどのように作用するかの流れをはっきり捉えることができます。それらをつぶさに検討することで、実際に問題が起こったときの被害を最小限に抑えることが可能になります。

そんなことから私は、企業のいわゆる安全対策の検討に、この逆演算の思考を利用することをずっと提言し続けてきました。従来から使われている前出の「ハインリッヒの法則」の考え方を補完できるからです。

安全対策に真面目に取り組んできた企業や自治体などの組織は、これまでハインリッヒの法則に真摯に学ぶことで大失敗を防いできました。予兆を見つけて事前に芽を摘むことによる安全の担保です。そのお陰でいまは従来型の失敗はかなり減少したと思います。

しかし、失敗がゼロになることはなく、中規模なものから大きな失敗までいまでも時折起こっています。このことを不思議に思って原因を分析したところ、失敗の内容が以前と異なっていることがわかりました。従来型の問題はほとんど起こらなくなった一方で、これまでにない、別の形の問題が起こっていたのです。その多くは経年劣化に起因するもので、これには機械などの物だけでなく、人の入れ替わりによって起こる組織の経年劣化も含まれています。

これらはそれまで経験したことない、いわば未知の問題です。要するに想定外の問題なので、予兆を見逃さずに対応する従来型の方法ではカバーできないことがあります。未知の問題を起因とする失敗は、備えをしていない分だけ実際に起こると大きな実害が発生しがちです。従来型の安全対策でカバーできない領域があるなら、従来とは異なる方法も取り入れながら対処するべきで、そのための有効な方法が逆演算の思考というわけです。

逆演算の思考は、先ほどの「考え残し」や「気付かない領域」のあぶり出しに有効ですが、老いの問題への対処には予想される結果を意識して、そのとき頼ることになる解決策のマニュアルの手順を確認しておく程度でも十分です。自分の身に起こりやすいこと、起こっては困ることなどを想定して、そのときの被害を最小にするための備えをし、起こったときの対処方法をあらかじめ確認しておくのです。

前述のように老いの問題の多くは、それなりではあるものの対処法がすでに確立されています。それらを利用するにしても、あらかじめ必要になりそうなものに当たっていざというときにどう利用するかを検討しておけば、実際に事が起こったときの対処がスムーズになります。もちろん、その対策は世の中で一般的とされているもので十分です。重要なのは心の準備です。これがあるだけで実際に事が起こったときの動き方は変わるので、あらかじめ解決方法が用意されていることに対しても、逆演算の思考でいざというときの動きを確認しておいたほうがいいのです。

努力最小の原理

老いの問題への対策は、一生懸命やればやるほど大きな成果が上がるというものではありません。もともとある機能が衰えていくのが老いで、対策の効果はせいぜい「いまよりちょっとましになる」という程度です。心血注いで行う意味はあまりないので、「あまり労力をかけない」というのも大事なポイントになります。より快適に生きられるように些細《ささい》な努力をするくらいの軽い気持ちでやるのが、心の健康のためにもよさそうです。

失敗学では、事が起こった後の現実的な対処を「被害最小の原理」で動くことを推奨しています。これは私がつくった造語で、その人が受ける被害を最も低く抑えることができる対処の仕方を選択したほうがいいという意味です。失敗への対処は多くのエネルギーを使うので心身ともに疲弊しますが、その状態が長く続いてエネルギー切れを起こすと、自殺に追い込まれかねません。それだけは絶対に避けなければならないので、防ぐための動き方として被害最小の原理を推奨しているのです。

その場合でも原因を正しく理解することは必要です。それは失敗後の対処をうまく行うのに必要だからです。また、自分も含めて次の失敗を防ぐための貴重なタネにすることもできます。

失敗原因の理解は、その失敗がどのようなもので、時間軸で考えるとどういうことがどういう順番でどんなふうに現れたかを押さえるのがポイントになります。失敗に至るシナリオを考えながら失敗の構造化をするのです。それを自分の頭の中にクリアにつくることができると自ずと対策が見えてくるし、心もまた得心がいって、結果も含めてすべてを受容しやすくなります。

もちろん、そのことと対外的な対応は別物です。失敗の結果が自分自身だけでなくまわりに対して多大な影響を与えている場合は、とくに対応が難しくなります。自分のミスを認めると、まわりから強く責められて責任問題に発展しかねません。そのためミスを認めるか否かも含めて、失敗後にまわりにどのような態度を見せるかは、損得をきちんと考えながら慎重に決めなければなりません。

世の中では、こういうときはバカ正直に対応するのを美徳とする考え方があります。できるならそうしたほうがいいと思いますが、それで命をなくしては元も子もありません。命を守るためなら、犯罪にならない程度の多少のインチキをしてもいいのではないでしょうか。謝ったほうが全体として得なら理不尽に思えても頭を下げればいいし、そうでなければ抗弁するというふうに、自分にとって最も得になるように損得勘定をしながら柔軟に動くのです。これが被害最小の原理の考え方です。

そして、この考え方は、老いの問題への対処にも使うことができます。こちらは失敗後の被害でなく、問題への対処に費やすエネルギーが対象なので、「努力最小の原理」と言い換えるべきです。加齢によってただでさえエネルギーが失われている状態で、さらに問題への対処のために多くのエネルギーを使うのは現実的ではありません。老獪《ろうかい》さを発揮して、テクニックを駆使したり、極端なことを言うと手抜きやインチキをしながら動いてもいいのではないでしょうか。

これは本人だけでなく、介助をしているまわりの人たちも同じです。老いの問題は本人の努力だけで解決するようなケースは少なく、当たり前のように家族などまわりを巻き込みます。なんでも話せて、協力してくれる夫や妻、あるいは我が子は一番の味方になりますが、彼らもまた老いの問題を抱えているし、頼りの我が子には守るべき自分の家庭もあるでしょう。負担が大きいと、介護疲れを起こす心配があるので、手抜きやインチキを容認しつつ臨むのが現実的です。

もちろん、そういう場合でも、問題のシナリオや因果関係はしっかり押さえておく必要があります。これらは正しい対処の基本になるものだからです。現状の把握や問題の理解などを正確に行うと、どこで手抜きやインチキができるか見えてきます。これらは「努力最小の原理」で動くためにも必要不可欠です。

老いの問題をすべて解決するのは現実的に不可能で、ある程度は受容しなければならないでしょう。少ないエネルギーを解決に向ける場合、優先順位を決めて対処するのが現実的です。最小の努力で深刻な問題が優先的に解決できれば、他の問題や快適に生きることに使えるエネルギーもそれだけ増えるでしょう。

園児の置き去り事故への対策から感じること

老いに関する問題の多くは、一般的な対処法がすでに示されているという話をしました。それらは必ずしも一つでなく、ものによっては答えとなるものがいくつもあります。その中から取捨選択をする場合、「当事者の視点」で自分に合ったものを探すのがいいでしょう。そうでないと解決策にならないものを選んでしまいかねません。

当事者の視点は、いまはまだ確立されていない解決策を考えるときにも重要なものです。当たり前のことを言っているように思われるかもしれませんが、じつはこれが意外にできていません。それは社会的な活動しかりです。最近のケースでは、通園バスの置き去り事故と、それを受けて導入された対策からも感じました。

悲惨なことが繰り返されないように考えられた対策は、専門家の意見を聞きながらつくられたもので、一定の成果が期待できます。しかし、当事者の視点が決定的に欠けているので、「考え残し」の部分から同様のトラブルが繰り返されるように思えたのです。

ここでいう園児の置き去り事故は、二〇二二年九月に静岡県で起こったものです。犠牲になったのは三歳の女児でした。その日の朝もいつものように認定こども園の送迎バスで通園したものの、園に到着後、そのままバスの中に置き去りにされました。自力で出ることができなかったので、閉じ込められた形です。

登園時間は午前八時五〇分頃で、発見されたのは午後二時頃ということですから、五時間ほど車内に置き去りにされた計算です。その地域の当日の最高気温は三〇・五度で、密閉されたバスの中では急激な温度上昇が起こっていました。発見時の体温が四〇度程度まで上昇していたようですが、車内に置き去りにされてから約三時間後の昼前には死亡していたとみられています。

女児は入園してそれほど間がなかったので、バスによる通園には不慣れだったようです。最初は六列ある席の前から五列目に座っていましたが、発見されたときには前から三列目の席の足元で倒れていました。バスの中から空になった水筒が見つかり、出入り口の付近には自分で脱いだとみられる衣服が残されていたことから、苦しい状況の中で自分なりに対処しようとしていたことがうかがえました。しかし、自力では脱出できず、そのまま亡くなってしまいました。

この事故は、ヒューマンエラーによって引き起こされたのは明らかでした。当日の送迎を担当したのはいつもと異なる代理運転手で、経験の少ない不慣れな園長が務めていました。しかも、その日の園長には病院に行く予定が入っており、そちらに気を取られて、やるはずの人数確認（何人乗って何人降りたかの確認作業）をしていなかったということです。さらに車内を見回って行うべき最後の点検も怠っていました。

それでも出席するはずの女児が園内にいなければ、担当している先生たちが気付きます。園の側の手順も、そういう場合は保護者から欠席の連絡があったか確認することになっていました。このときはその確認作業が行われませんでした。さらに登園するはずの園児がいない場合の対応として定められていた、保護者へ連絡しての確認も行われませんでした。

安全対策はふつう、何重にも用意されているので、ある一つのミスがあってもバックアップ機能が働くと大きな問題に発展するのを防ぐことができます。このケースでは、その複数あったはずの安全対策がまったく働きませんでした。こうした多重構造からなる安全対策は、大小様々な穴が開いている、スライスしたチーズを並べた姿になぞらえて、「スイスチーズモデル」と呼ばれています。稀《まれ》に一枚一枚のチーズの穴を次々とすり抜けて大失敗、すなわち重大な問題を招くことがありますが、まさしくその典型のようなケースでした。

この事故を受けて、国は悲惨な出来事が繰り返されないように対策を検討し、置き去りが起こった場合になんらかの方法でそのことを知らせる安全装置の設置の義務化を決めました。安全装置の種類は様々で、エンジンを切るとブザーが鳴る装置を車内の後方に設置することで、運転手はブザーを止めるために後方まで移動しなければならず、その間に置き去りになっている子どもがいないか確認できるというものなどがあります。併せて安全装置の仕様に関するガイドラインを作成したということでした。

おそらく国が定めた対策によって、悲惨な出来事は減るでしょう。しかし、いくら対策をしても、それをあざ笑うかのように予想もしない形で起こるのが失敗なので、完全にはなくならないとみています。幼い子どもたちを無駄に死なせないためには、当事者の視点で有効な対策を考えるのと同時に、「フェールセーフ」の実現が必要です。

フェールセーフというのは、失敗することを前提にして、失敗が起こったときに安全の側に動くことで人が死ぬ重大な結果を避ける設計思想をいいます。例としてよく挙げられるのは鉄道の踏切の遮断機です。遮断棒が上がった状態を維持するには電力が必要で、電源供給が断たれても、遮断棒が自動的に降りて人が誤って踏切内に入ることがないようにしています。置き去り事故によって人が死ぬのを回避するには、自動車にこうした機能を取り入れるのが有効です。

たとえば、運転席以外に人がいた場合、特別な操作をしないとエンジンを切ることができないとか、車内の温度が一定以上に上がらないという仕組みがあったら、幼い子どもがうっかり置き去りにされたり、それによって亡くなる事故を劇的に減らすことができるでしょう。もちろん、その場合は別の形で問題が発生するかもしれないので、いろいろな可能性を考え、試しながら進める必要があります。

そして、こういう仕組みを構築する際に必要なのが、被害者となる当事者の視点です。これなしに考えられた対策では大きな効果が期待できません。私が事故調査を行うときには必ず「現地」を訪れ、「現物」を見たり、「現人」（その場にいた人たち）から直接話を聞きます。これを「3現」と呼んでいますが、対象や事象を正しく観察するのに必須のものです。

その上で、可能な場合は再現実験を行うのが私流でした。事がどのように進行し、そのときにどのようなことがどのような順番で起こったのかという事故のシナリオを仮説として考え、実際に再現する中で確認するのです。この再現実験では、様々な測定器を使って、事故時の状況を数量的に把握できるようにしました。それもこれも起こったことを正確に把握するのが目的で、そうすることで実効力のある対策が打てるようになるのです。

先ほどの置き去り事故のようなものは、じつはあちこちで起こっています。観光バスやスクールバスに乗っていた子どもが移動中に寝てしまい、運転手や引率の教師が車内の確認を怠ったことで置き去りになるというのが典型的なパターンです。置き去りにされたのが小学生や中学生の場合は、施錠されたカギを自力で開けたり、それができなくてもクラクションを鳴らしてまわりに知らせたり、手動の窓を自力で開けたりして脱出することができます。しかし、幼い子どもの場合は、非力なので自力で対応することができず、悲惨な結果を招く危険があります。

これは当事者の視点があればすぐにわかることです。もっといえば、その知見を水平展開することで、お年寄りなど、同様に自力の対応能力を持たない人（ペットの場合もあるのでこの表現はちょっとおかしいですが）が被害を受けることも容易に想像できます。

私がそのことに気付いたのは、静岡の事故の少し前に、車の中への置き去りを経験したからです。といってもそれは、自ら進んで行った実験のようなものでした。研究会の仲間たちとの旅行で、ある観光地を訪れたとき、疲れていたこともあって車内で一人、留守番しました。せっかくの機会だったので、一眠りした後、置き去りにされた当事者の立場で状況をつぶさに観察してみたのです。

その車のドアは内側からの開け方がよくわからず、たぶん自分一人では開けることができないと思いました。車に関する知識をまったく持ち合わせていない幼い子どもならなおさらです。車が置かれていたのは観光地の駐車場だったので、すぐ横を通る人はいました。しかし、たいていの人は目指している自分の車に一直線に向かっているので、車内にいる私の存在にさえ気付いていませんでした。人気のないところに駐車していたら、中でいくら叫んだり窓を叩いてSOSを発しても、助けが来ることはほとんど期待できないでしょう。

私が無事でいられたのは、体験をした時期が春先だったからです。真夏やその前後の時期でも暑い日なら、車内の気温がぐんぐん上がって、あっという間に命に危険が及ぶ状況になっていたでしょう。置き去りによる死亡事故は、幼い子どもだけでなく、私のような高齢者が犠牲になる危険があることを身をもって知ることができました。

高齢者の場合は当然、園児の死亡事故を防ぐために国が考えた対策がそのまま通用するとは限りません。対象が異なると、園児のときに想定していたのとはまた別の形の問題が発生する可能性があるからです。先ほどのフェールセーフを含めて、当事者の視点からまた別の対策を講じる必要があるでしょう。

家族が近所に声かけしていた知人の話

自力で対処ができないことは、やらないようにするのが一番です。どうしてもやらなければならないときは、他の人の協力が得られる状況をつくって行うしかありません。備えとしては、まわりの協力をいかに得るかが大事になると思いました。

ケースはかなり違いますが、知人の例は参考になります。正確には知人の家族が行っていた対策です。最悪のケースを想定して事前に手を打っていた点は、有事を想定した対策の手本になります。

この知人は数年前に亡くなりました。私より七歳年下で、晩年は認知症の症状がかなり進行していたと聞いています。自宅は直線距離で七〇〇メートルしか離れていませんが、直接的なやり取りがなくなってからしばらく経っていたので、症状のことや亡くなったことは人伝《ひとづて》や、新聞報道などで知りました。彼もまた私が通っている近所の床屋の常連だったようで、亡くなってから初めて、認知症のことや彼の家族が近所にあるお願いをしていたことなどを聞かされたのです。そのことを私の家内に確認したところ、近所ではよく知られていることだとわかりました。

晩年の彼は、よく一人で家のまわりの掃除をしていましたが、徘徊癖があったのか、掃除道具をそのまま置きっぱなしにして出かけることがありました。そこで奥さんは対策として、彼が外出しているのを見かけたら「奥さんが心配しているから家に帰ったほうがいいですよ」と声をかけるようにお願いしていました。そのため彼が認知症であることを近所の人たちはみんな知っていて、奥さんにお願いされたように接してもいたので、大きな問題が起こることはなかったようです。

徘徊時に大きな問題が起こることを前提に先回りをして手を打っていた奥さんの行動は、「逆演算」による対策そのものだと思いました。体裁より彼の身に危険が及んだり、周囲に大きな迷惑をかけることのほうが心配だったのでしょう。徘徊は家族だけでなんとかできる問題ではありません。やむを得ずに近所の人たちに助けを借りる方法を選んだのかもしれませんが、声をかけられた彼の心理状態まで考慮した対策は見事だと思いました。

徘徊中、出会った人たちに「一人で歩いていたら危ないよ」と言われたら、自分の能力を侮辱されていると受け止めて、「余計なお世話だ」とか「おまえにそんなことを言われる筋合いはない」となるかもしれません。その点、「奥さんが心配しているみたいだから、家に帰ったほうがいいですよ」というのは、声のかけ方として優れているように思いました。声をかけやすいし、私が言われたら家内が心配している顔が浮かんで、とりあえず「顔を見せに帰るか」となるでしょう。

高齢社会になって日本の認知症の患者さんはどんどん増えています。介護の現場では多くの経験を積んでいるので、認知症の患者さんの扱い方もかなり進歩しているでしょう。このケースが専門家のアドバイスに従ったものかまで確認していませんが、逆演算で相手の反応まできっちりと計算されている、夫と近所の人の両者に配慮した声かけの方法だと思いました。

「銀座アスター」の見事な対応

まわりの助力に助けられた経験は私にもあります。自分のミスがきっかけのトラブルでしたが、見事にリカバリーすることに成功しました。

以前、「銀座アスター」というお店で行われたクラス会に参加したときのことです。お店に着いてから確認すると、「今日はそういう会合の予約は入っていないようです」と言われてたいへん困りました。これは私の勘違いが原因でした。会合の場所として指定されていたのは新宿のお店でしたが、銀座アスターという名前に引きずられて、「銀座のお店に行けばいい」と頭の中で勝手に変換していました。要するに、指定されたのとは別の場所に自信満々で行ってしまったのです。

このときのお店の人の対応は、それはもう見事でした。その時点ではまだ私のミスの中身まで明らかになっていないものの、「少々お待ちください」と言って、気を利かせてすぐに新宿のお店に確認の電話を入れてくれました。すると、新宿では三〇人くらい集まった、それらしい会合が行われていることがわかりました。そこで、そのグループの代表に電話口まで来てもらうようにお願いして、私自身で直接確認させてもらい、あっという間に無事解決しました。

あらためて銀座から新宿まで移動しなければならなかったので、クラス会には当然、遅れてしまいました。とはいえ三〇分程度の遅刻ですんだので、私の方の実害はほぼなしです。一方で、私の失敗を伝え聞いた人たちはおそらく「失敗学の畑村がつまらない失敗をやらかした」と大いに盛り上がっていたでしょうから、むしろプラスのほうが大きかったのではないでしょうか。

それはさておき、先方の対応があまりに見事だったので、なぜわかったのか理由を聞いてみると、「たまに同じような間違いをするお客さまがいらっしゃるので、もしかしたらそうなのかもしれないと思いました」ということでした。間違うにも法則があるということです。それを聞いて、この人の中には独自のマニュアルのようなものができているのだと思いました。あるいはマニュアルにまでなっていないものの、そのお店の中で「こういうときはこういう対応をすれば解決する可能性が高い」というふうに「暗黙知」になっていたのでしょう。

暗黙知は、表には出ていないものの、個人や集団の中では「当たり前のこと」とされている知識です。どこの世界、どこの分野にもそれなりにあります。文章にして伝えられていないのは、当人たちの間では、活動をしている中で自然に吸収される当たり前のことだと考えられているからです。わざわざそこまでする必要がない、価値がないと思われているので、扱いが雑になっていることが多いのです。

暗黙知の中には、本人たちが考えている以上に大事な知識が数多くあります。実際、暗黙知が伝わらないために大きなトラブルにつながることが稀に起こっています。暗黙知の状態は非常に不安定で、重要な知識であるにもかかわらず、人の入れ替えなどによって簡単に消えてしまうのが原因です。そんなことから私はずっと、重要な暗黙知はちゃんと言葉や文字にして「表出知」として伝えることを勧めてきました。

このケースの暗黙知は、大きなトラブルを呼ぶようなものではありません。しかし、よりよいサービスを提供することにつながる、価値があるもののように思いました。

失敗にはパターンがあるもので、よくある失敗は、どのように対応すれば最もいいかが、個人であれ組織であれ経験的に理解されています。さすがにお客さんがお店を間違えたときのことをマニュアルで決めていたとは思えません。しかし、たまにある失敗だとすると、共通の解決方法が通じることもあるので、それが現場の中で暗黙の知恵になっているのは素晴らしいことです。できることなら、よりよい活かし方ができるようになればいいのではないかと思った次第です。

日本は見事なまでの高齢社会になっています。社会の中に高齢者があふれているので、老いに関する問題はあちこちで起こっています。私が起こした思い違いのようなことは、これからもあらゆるところでどんどん起こるでしょう。そんなときに役立つ知恵がいろいろな場所にあるとするなら、これを活かさないのは非常にもったいないことです。

この場合の暗黙知は、表出知に変えることが企業の価値を高める方法の一つになり得ます。さらにそれぞれの場所の暗黙知を表出知に変えて、社会の共有財産として活用できたら、高齢者にとってより暮らしやすい社会になるのではないでしょうか。

ミスをした後にどう動くかが大事になる

間違いは誰にでもあります。大事なのはその後にどう動くかです。リカバリーがうまくいくと、最初のミスをほとんど帳消しにすることもできます。歳を取ってつまらないミスが増えてきたからこそ、リカバリーの大切さを感じています。

会合の場所を間違えたとき、私は機転を利かせてくれたお店の人に助けられました。遅れたとはいえ、すぐに正しい場所に移動できたことで、「勘違いによる欠席」という最悪の事態を免れることができました。じつは最近、似たようなミスを知人が起こしました。ある祝賀パーティでの出来事です。

コロナ騒動の真っ最中の時期に、私は瑞宝中綬章《ずいほうちゅうじゅしょう》をいただいていたのですが、授与式などの公式行事は一切ありませんでした。かろうじて行うことができたのは家内と二人の記念撮影です。そのことを知っていた大学の後輩や教え子たちが「それではいくらなんでも」と言って、コロナの騒動が落ち着いてから祝賀パーティを開いてくれました。受勲から一年半ほど経った頃で、「いましかない」と判断した私の後輩の教授が動いて、出席者の選定からなにからすべてを差配してくれました。リモートの十数人を含めて、一〇〇人強が参加する盛大なものでした。

しかし、いざパーティが始まる時間になっても、会場に用意されていた二つの席が空いたままになっていました。一つは入院中の知人のもので、この日のために退院して駆けつけてくれたものの、移動に手間取って定刻に少しだけ間に合わなかったようです。もう一つはケアレスミスをした知人のものでした。

彼のミスは、バスの乗り違えでした。会場行きの都バスが出ている近隣の駅で、反対方向に向かうバスに乗ってしまいました。その後、まわりの風景を見ているうちに違和感を覚えて、すぐに周囲の人たちに確認して間違いに気付き、バスを降りたそうです。この早めの決断が功を奏して致命的な失敗を避けることができました。三時間のパーティに一時間遅れで参加することができたのですから、それでよしとすべきでしょう。お陰でパーティ会場に用意されていた席も無事すべて埋まりました。

じつはこの人は、パーティが行われた会場を以前にも訪れたことがありました。知っている場所を再び訪れるくらいのことは簡単に思われるかもしれませんが、そういうときでもこんなミスが起こってしまうのです。老いというのはなかなか手強いものです。

それでもすぐにミスに気付き、対応することができたのは幸いでした。それもこれも、まわりの風景に見覚えがなかったとか、時間の経過に違和感を覚えたときの行動が的確だったからです。過去の経験と比較して、「こんな風景は見たことがない」とか「こんなに長くバスに乗っていなかった」という感覚に素直に従ったことで、ミスに気付いてすぐに次の行動を起こすことができました。

こういうときにありがちなのは、なんとなくおかしいと思ったけど、その後の対応が面倒なのでそのまま放置するというパターンです。これをやると泥沼にはまっていきます。失敗の対応でも、ミスに気づいた後にどう行動するかで被害が大きく変わってきます。「三時間のパーティに遅刻はしたけど、一時間遅れですんだので二時間は楽しむことができた」という結果は、リカバリーとして十分うまくいったといえます。

完璧を求めたいし、それが実現できるのが一番です。しかし、誰だってミスはするし、それによって多少の被害が生じることはあります。そういうときにこそ、どうすれば被害を最小にできるかを考えて行動することが大事です。知人のケースから、そのことをあらためて学ぶことができました。

「転ばぬ先の杖」の二つの役割

最近、歩くときに杖を持つようになったという話をしました。考えてみると、これも想定される最悪の結果から逆演算した対策になっていました。「転ばぬ先の杖」という慣用句がありますが、これは失敗しないように前もって準備をしておくという意味です。私が日常生活の中で最も気をつけているのは転倒ですが、杖を持つことはまさしく最悪な事態を避けるための備えになっています。

歳を取ると、筋力や身体機能が低下してバランスを崩しやすくなります。要するに、いつ転んでもおかしくない状態になるのです。バランスを崩したとき、身体機能がしっかりしていれば転倒を回避できますが、残念なことにその状態から元に戻るために必要な瞬発力や柔軟性などが衰えています。最も大きな問題は、自分が思っている動作と実際の動作に差があることで、思ったとおりに動けずに転倒してしまうことがあるのです。

私の三回の転倒の話をしましたが、それぞれの状況は異なります。ただし、なんらかの原因でバランスを崩したとき、身体機能が衰えて踏ん張りがきかなかったか、あるいはイメージと実際の動作が違っていた点は同じでした。いずれの場合も、以前なら転倒しなかったでしょう。実際に転倒したのは、肉体的な機能の衰えが原因であるのは明らかで、いまはそのことを自覚しながらより慎重に行動するように心がけています。

知人に、横断歩道で信号待ちをしている最中、自転車にぶつかられて転倒し、足の骨を折ってしまった人がいました。彼の話では、病院では骨折の治療と並行して歩くためのリハビリを行ったそうです。高齢者の場合、骨折の治療で長く寝ていると、すぐに筋力が衰えて、そのまま動くことができずに寝たきりの状態になる危険性があります。これを避けるために、治療中も動き続けることで筋力を衰えさせないことが重要という話でした。

杖を使う決断は、この話を聞いたのも影響していました。とにかく転倒しないために、やれることはすべてやろうと考えたのです。正直なところ、杖を持って歩くことにはなかなか慣れず、勝手がよくわからなくて困っています。体の一部になっていないので、うっかりどこかに置き忘れないかという新たな心配事もできました。それでもなんとか慣れようと日々奮闘しています。

その話をかかりつけの医師にしたところ、「大事なことなのでぜひ続けてください」と励まされました。そのとき医師から教わったのは、杖は歩行の補助をするだけでなく、「持っていることで、自分が介助が必要であることをまわりに知らせるサインになる」ということです。これはまったくそのとおりだと思いました。

じつは最近、そのことを確認する体験がありました。杖を持って散歩している途中、石垣に腰掛けていると、近くを通った女性から「なにかお手伝いをすることはありますか」と声をかけられたのです。その女性は私が杖を持っているのを見て、「この人はなにかのときに助けが必要な人かもしれない」と判断したのでしょう。その気遣いがうれしくて、「散歩の途中で休んでいるだけなので大丈夫ですよ」と返した後、自然と「ありがとう」という感謝の言葉が口から出ていました。

コミュニケーションの方法は様々で、言葉だけがすべてではありません。車椅子や杖しかりで、使っている物や身につけている物などでなにかを伝えていたり、あるいは見ている側がなにかを受け取っています。こういうことが当たり前のこととしてできるのが、文化的で豊かな社会です。毎日使っている杖から、いつの間にかそんなふうに頭の中で考えが広がっていました。

「免許返納」と別解

失敗にせよ老いの問題への対策にせよ、正解は一つではありません。これは大事なポイントになります。ところが、「正解は一つ」と考えて、それが得られないのは不安で、つい求めてしまう人は少なくありません。これは年齢を問わず多くの人に見られる傾向です。

これは学校での経験が影響しているのは明らかです。学校の勉強では、ある問いに対する答えは一つと決まっています。その唯一解を素早く導くことができるように必死に勉強し、それができた人が「優秀な人」として高く評価されます。その延長戦上で、老いの問題の解決方法にも、つい「唯一の正解」を求めたくなる人がいるようです。

しかし、社会の中で現実にぶつかる問題の多くは、そのように単純なものではありません。とくに人が関わるものは複雑で、関わる人の数だけ正解があります。そのように考えて柔軟に対応しないと、満足できる対策はなかなか見つからないでしょう。

第2章で述べたように、私は家族の説得で、致命的な失敗を避けるべく運転免許証を返納しました。これも唯一解ではなく、別解はありました。致命的な失敗を「運転で人を死なせること」とすると、車両や歩行者と衝突する危険を察知すると自動ブレーキ（衝突被害軽減ブレーキ）がかかるなどの安全装置が充実している自動車に乗り換えるというのも解になります。返納の直前には、実際にそのようにしていました。

ただし、その場合、いざというときに安全機能が働かないことがあるかもしれません。これでは完全にリスクを避けることはできません。家族の要望は、リスクをゼロにすることでした。私もそれがいいと考え、最後は運転免許証の返納に同意して、自ら運転するのをやめる道を選びました。

人が行動するかぎり失敗は付きもので、どうせ避けることができないのなら、そこから失敗を繰り返さないための知恵などを学ぶべきというのが失敗学の考え方です。なにもしなければ、なにも起こらないので、失敗もしないし、もちろん学ぶこともできません。これはリスクをゼロにする唯一の道でもあるので、あえてその道を選択したのです。

ただし、この選択には弊害があることも後にわかりました。運転免許証の返納をきっかけに自動車への関心を失い、自分一人で内側からドアを開けられなくなったのがそれです。事故で人を死なせるリスクはなくなりましたが、車に置き去りにされて自分が命を失うリスクは確実に高まりました。あるリスクを避けようとすると、別のリスクが高まるのはよくあることですが、実際にその立場にならないとなかなか気付くことができないので、まさに貴重な学びの機会になりました。

ところで、私が運転免許証の返納を決断できたのは、電車やバスなどを使って移動が楽にできる都心に住み、しかもまわりに運転を代行してくれる家族がいたからです。買い物や病院など日常的に必要なことを行うのに車の運転が不可欠だったら、別の道を選ばざるを得なかったでしょう。そこは世の中で正解とされているものを短絡的に求めず、自分が住んでいる場所の生活環境や、まわりの人たちとの関係など様々なことを考慮しながら最適解を選んで決めるといいでしょう。

自分にとって快適な状態をつくる

老いへの対策と称して、好き勝手にいろいろと述べてきました。優先すべきはやはり自分が快適に生活できるかどうかではないでしょうか。老いの問題への対処といっても、結局のところ、自分にとっていかに生きやすい状態をつくるかが最も大事だと思います。

そして、そのような状況をつくる際に、失敗の特徴から処し方まで幅広く扱っている失敗学の知見は、大いに役立つと信じています。それは最初に述べたように、老いによって生じる問題と失敗には、共通点がたくさんあるからです。

私は長く失敗について観察検討してきたことから、世の中から「失敗の権威」のように見られています。自分自身も様々な失敗を経験してきましたが、事故調査などを通じてさらに多くの失敗に触れてきたのは確かです。そうした経験から失敗のパターンや繰り返さないための知恵など、多くの知見を広く発信してきました。これらはそれまで他の人がやらなかったことで、面白がって受け取ってくれた人も多かったようですから、その点は誇れることをしてきたと思います。

その私も八〇歳を越える年齢になりました。人生百年時代と言われている中では、まだまだ青二才のようなもので、「老いの権威」などと誇ることはできません。しかし、老いの初心者の域を超えて、中堅クラスかベテランの入り口くらいには差し掛かっているのは確かです。実際に、自分自身で老いに関する様々な経験を、現在進行形でしている最中です。

本書は、私の失敗の知識と、老いの経験を融合する形でできています。先ほども述べたように、老いの問題やその対処方法は人それぞれ異なるので、正解になるものを示しているつもりはありません。しかし、実体験に基づくものを扱っているので、老いと向き合うときの参考くらいにはなるでしょう。

『ゲルニカ』と「勝手脳」――おわりにに代えて

歳を取るとよくも悪くも無意識の影響を強く受けるようです。私自身もいままでにないものの見方をすることがあるのに気付きました。意識していない、無意識の脳の働きのようなもので、私はこれに「勝手脳」という名前をつけました。脳科学にはそういう定義がないようなので、まさに私が勝手につけた名前です。

勝手脳を意識するようになったきっかけは、いまから一〇年ちょっと前なので七〇歳の頃です。仕事でスペインに行く機会があり、その合間にソフィア王妃芸術センターというところに行って美術品を見学しました。そこには有名なピカソの『ゲルニカ』という抽象画が展示されていましたが、この絵と向き合ったときに不思議なことが起こりました。

その絵は高さ約三・五メートル、幅約七・八メートルほどの大きさで、絵の前にはたくさんの人がいました。有名な絵なので、まわりはみな一生懸命にその絵を観ていました。自分も同じようにしていたのですが、そのうちにいつもと違う感じになりました。絵を観ているうちに、頭の中が自分の意思に反して勝手に動き出したのです。

ピカソは抽象画が有名ですが、もともとデッサン力が優れていて、その力量をもとにして自分の表現したいものを描いているのだと、かなり昔に聞いたことがありました。まだ中学生だった頃です。そのピカソが描いた目の前の絵はとても変で、人の顔や目があるものの、どちらを向いてどこを見ているのかもまったくわかりません。まわりの模様もなにを表しているのかさっぱりわからないのです。

こういう場合、いつもなら「よくわからないなあ」で終わります。しかし、このときはいつもと違いました。頭の中が、なにかを受け取ろうとしているかのように動いていたのです。まるで目の前の絵と、言語を介さないやり取りを行っている感じで、そんな経験をしたのは生まれて初めてのことだったのでとにかく驚き、そして心底疲れました。

ふだんなら他の展示作品も観るのですけれど、そのときはあまりに疲れてしまったので同行していた人に事情を話して、早々に見学を切り上げさせてもらいました。まわりも私に付き合ってくれたので、結果的にまわりに迷惑をかけたことになり、いまでも申し訳なく思っています。

そのときにもう一つ強く印象に残ったことがあります。それは美術館を出てから飲んだコーラの味です。あまりに疲れていたので美術館から出た後、出口のところにある石の階段に座って休ませてもらいました。そこで遠くのほうに飲み物を売っているリヤカーを見つけて、無性に飲みたくなったコーラを買って飲んだのです。その味は「生涯一おいしかったコーラ」として記憶に強く残っています。

後から知ったことですが、脳が疲れたときは回復のためにエネルギー源となるブドウ糖を強く欲するようです。おそらくそれが得られたことで、大きな満足感が得られたのでしょう。いつもと違う思考なので自分ではまったく気付きませんでしたが、ゲルニカを前にしたときの私の脳はそれくらい激しく動いていたようです。

一連のことは、強烈な体験として記憶されました。しかし自分ではどう受け止めていいのかよくわからなかったので、しばらくはそのまま放置していました。理解の扉が突然開いたのは、それから半年くらいした後、テレビ（ラジオだったかも）から流れてくる話を、ながら作業で聞いていたときです。その番組では現代音楽に関する解説をしていましたが、抽象画を引き合いに出しながら行っているその話を聞いているうちに、これがヒントになって自分の中で大きな納得が得られました。

現代音楽にせよ抽象画にせよ、それまでの私にはまったく理解ができない、縁のないものと考えていました。なぜそんなものがあるか疑問に思っていたくらいで、だからそのときは解説が気になって、思わず聞き入ってしまったようです。その番組を通して聞くことができたのは「抽象画とそれを観る人との関係は、私たちが見慣れている絵画（具象画）とそれを観る人との関係とは大きく違う」「描き手の心の中にあるもの（心象）を描いたもので、その絵を見た人の心の中に新たにつくり上げられる絵のきっかけになるものである」「現代音楽も抽象画と同じで、そう思って聞けば楽しい」というような話です。この解説を聞いたとき、昔から考えていたいろいろな疑問も含めて、すべて解決したように思いました。

このときの気づきは、およそこんなものです。ゲルニカの前にいた私は、最初は自分の中の知識を引き出して、自分の好きなように考えながらこの絵と対峙《たいじ》しようとしました。これは自分で自覚している思考なので、このような脳の働きを私は「自覚脳」と名付けました。その後に出てきたのは前出の「勝手脳」です。こちらは自分の意識に関係なく勝手に動き、なにをどう処理してどんなものを導こうとしているかもわからない、自覚していない脳の働きです。そもそも脳の働きには、このように二種類のものがあるようですが、あのときはあまり馴染みのない勝手脳が突然働き出して戸惑ったようです。

私は若い頃から考えることは好きでしたが、「ただ感じる」という経験はほとんどなく、現代音楽や抽象画がまったく理解できなかったのもそのためだと分析しています。ところが、ゲルニカの前では、絵に反応していきなり勝手脳が動き出しました。いつもと違う形で、頭の中で目の前の絵とのやり取りが始まったのです。それがたぶん「感じる」ということだと思いますが、そのときは突然の出来事にひどく混乱して、そそくさとその場から逃げ出したくなったのではないかと思いました。

ここからはあくまで私の仮説で、かなり飛躍した話になります。加齢とともに私のいうところの勝手脳が出てくる機会が増えるのではないかと考えています。勝手脳というのがちょっとわかりにくいなら、意識してない脳の働き、つまり無意識の脳の働きというふうに理解してください。

当たり前のことですが、無意識の脳の働きは自分がまったく意識していないものですから、自分にとって合理的と思えないこともあります。これに基づく行動もしかりで、自分でも合理的と思えないことがあります。それでいてこの脳の働きに従った結果は、すべて自分自身で責任を取らなければなりません。場合によっては、理不尽かつ損をさせられている気になることもあるでしょう。

たとえば、私も歳を取ってから、忘れ物をしたり、約束時間を思い違えたりするといった、以前では考えられないことをする機会が増えました。そういうときは無意識の脳の働きの影響を受けて行動していることが多いようです。もしかしたらこういうものも、勝手脳が原因になっているのかもしれません。

勝手脳に従って行動しているときは、まわりはその人がいかにもおかしなことをしているように感じるようです。ふだんとはまったく違う行動をしているのだから、まわりが「おかしい」「なにか変だ」と感じるのは当然です。こういう場合、当事者が年寄りだと、おかしなことをするとすぐに「ボケたのかもしれない」と見られてしまいます。相手を心配してのことなのでしょうが、本当の原因が別にあるかもしれないときにまでそのような扱われ方をしたら、本人はたまったものではないでしょう。

私は認知症や脳科学の専門家ではないので詳しいことはわかりません。いずれにしても研究が進んで、認知症であれ無意識の脳の働きであれ、その行動が行われるときの脳内のメカニズムが明らかになることを期待しています。そうでないと年寄りがちょっと変なことをすると、まわりからすべて認知症の認定をされかねません。私の感覚ではおそらく、認知症の半分くらいはこのように奇異な行動の理由を、理解できないまわりの判断でつくられているのではないかと感じています。

私も認知症の検査をして「その気《け》はない」と診断されていますが、年相応に忘れ物をしたり、間違ったりということが増えています。それでいてまわりから「ボケたんじゃないか」と真面目に心配されることが増えています。「まわりにつくられる認知症が多いのではないか」という推測は、ただの当てずっぽうではなく、そんなことも根拠になっています。自分がこのような扱いを受けるのは御免被りたいので、この分野の研究が疑惑をかけられている当事者の見方を吸収しながら、どんどん進んでいくことを願っています。

勝手脳と認知症の関係はよくわかりませんが、無意識の脳の働きがあるのは私自身が体験したもので、存在を疑う余地がないと考えています。これが加齢とともに生じる問題の原因になっているかもしれないという推測は、勝手脳に対するイメージを悪くするものです。しかし、実際はそんなことばかりではないように思います。たとえば、ゲルニカを見たときに感じたものは、それまでになかった、私にとってたいへん豊かなものの見方でした。困惑したのはそれまでの自分の思考とは違うものだったからで、それまで理解できなかったものが理解できるようになったのは、私にとって間違いなくプラスです。

勝手脳のような無意識の脳の働きは、歳を取ってから出やすくなると言いました。個人差はあるものの、これはもしかすると、年齢とともに豊かなものの見方や考え方ができるようになるということかもしれません。そう考えると、勝手脳には、マイナス面だけでなく、人生をより豊かにすることにつながるプラス面もあるような気がしています。

こうしたメリットやデメリットは、それまでのその人の生き方や心がけなどに左右される部分が大きいでしょう。私の推測では、これまでつくり上げてきた世界に閉じこもることをよしとせず、新たに刺激に触れることを喜びとしている人のほうが、より勝手脳のプラス面を享受しやすいように思います。私は期待を込めて、そのように見ています。

じつはゲルニカの前で起こった体験を自分なりに整理できた後、ある抽象画の画家の個展に見に出かけたことがあります。中学校時代の同級生でもあるIさんの個展です。いつも案内状を送っていただいていたものの、「自分には理解できない」と思っていたので、これまで一度も行ったことがありませんでした。しかし、あの強烈な体験のお陰で、俄然《がぜん》興味が湧いたようで、個展の会場にまでのこのこと足を運んでいました。

結論から言うと、Iさんの抽象画は、私にはさっぱりわかりませんでした。いつもの自分どおりの反応で、これはある意味、予想どおりでした。それよりも驚いたのは、自ら進んで個展を見に行ったことです。これまで絵画にはあまり（ことに抽象画にはまったく）興味がありませんでしたが、興味を持ったらそういう行動を自然に行っていることが新鮮で、これまで気付いていなかった自分の一面に触れられ、驚きました。これもまた勝手脳の働きのせいかもしれません。

勝手脳の体験は、このように私にとって予想外のものばかりです。自分でコントロールできない領域なので、怖く、そして非常に興味深く、楽しくもあります。もしかしたらこういう厄介で、面白くもある未知なるものと嫌でも付き合わなければならないのが老いなのかもしれません。

老いのまっただ中を生きる者として、起こることすべてを受け入れて、これからも勝手脳についても自分なりに観察しながら、上手に対峙していければと考えています。そのほうが人生はより豊かになるようですから。

畑村洋太郎 はたむら・ようたろう
1941年東京生まれ。東京大学工学部卒。同大学院修士課程修了。東京大学名誉教授。工学博士。専門は失敗学、創造学、知能化加工学、ナノ・マイクロ加工学。2001年より畑村創造工学研究所を主宰。02年にNPO法人「失敗学会」を、07年に「危険学プロジェクト」を立ち上げる。著書に『失敗学のすすめ』『創造学のすすめ』など多数。

朝日新書
942

老《お》いの失敗学《しっぱいがく》

80歳からの人生をそれなりに楽しむ

2024年1月30日第1刷発行
2024年2月28日第2刷発行

著　者　畑村洋太郎

発行者　宇都宮健太朗
カバーデザイン　アンスガー・フォルマー　田嶋佳子
印刷所　TOPPAN株式会社
発行所　朝日新聞出版
〒104-8011　東京都中央区築地5-3-2
電話　03-5541-8832（編集）
　　　03-5540-7793（販売）

Published in Japan by Asahi Shimbun Publications Inc.
ISBN 978-4-02-295251-6
定価はカバーに表示してあります。